NEW HEALTH CARE MANAGEMENT

「相手の気持ちが読み取れる」

認知症ケアが実践できる人材の育て方

最新版

田中 元
介護福祉ジャーナリスト
Hajime Tanaka

介護現場の育成ポイントがズバリわかる本

ぱる出版

はじめに
～多くの職種で「常識」となるのが「認知症ケア」～

新型コロナウイルスの感染拡大に収束が見られない中、多くの人々にとっては、戸惑いとともに先行きの見えない不安に覆《おお》われる日々が続きます。

もっとも、こうした強い戸惑いと不安に、コロナ前から翻弄《ほんろう》されている人も少なくありません。その一例が「認知症の人」です。

認知症は脳神経の変性等により、社会と折り合いをつけるうえで必要な記憶力や判断力、見当識などが衰えた状態を差します。本人にしてみれば、「自分はどのような状況に置かれているのか」という認識も不十分になり、毎日が戸惑いと不安の連続です。

認知症の人の生活の場は病院や介護施設だけではありません。家庭はもちろん、「その人らしさ」を実現するフィールドは町全体、地域全体にまで広がりを持っているはずです。

つまり、社会の隅々で認知症の人をサポートするしくみが必要であり、それは認知症の人のみならず、「すべての人々が生きやすい社会」の構築にもつながります。

社会の隅々――となれば、認知症のことを理解し、ケアのための基本を身に着けることは、現代社会における「新たな常識」と言っていいでしょう。

その「新たな常識」に向け、人材育成の道筋をまとめたのが本書です。介護・医療現場はもちろん、企業や学校教育の現場などでも指針として活用していただければ幸いです。

２０２０年11月

介護福祉ジャーナリスト　田中　元

最新版 「相手の気持ちが読み取れる」認知症ケアが実践できる人材の育て方

もくじ

第2章 認知症ケアについての基本的な考え方

第3章 認知症ケアの質を高める4つの視点

第4章 「相手の気持ちが読み取れる」認知症ケアが実践できる人材の育て方

第5章 認知症ケアができる人材育成のためのスキルアップツール

第6章 認知症ケアのさらなるステップアップのために必要なこと

序章

認知症ケアのスキルが、現代社会の「新常識」になる！

1 認知症ケアが、ますます重要視されているのはなぜ？

◎間もなく認知症700万人時代。あらゆる業種・業界で求められるスキル

わが国にとって、さまざまな分岐点となる「2025年」が間もなくやってきます。この年は、いわゆる団塊世代（戦後初のベビーブーマー世代）が全員75歳以上を迎え、全人口に対する65歳以上の割合（高齢化率）も3割に達すると予測されています。

高齢者がこれだけ増えると、高齢者に多い認知症の人も増えることになります。国の推計では、2025年には認知症の人が最大で730万人に達するとしています。これは、65歳以上の高齢者の2割にのぼるという数字です。

となれば、日常の場面で認知症の人々と出会うことが当たり前となります。「認知症の人のサポートは、医療や介護の専門職に任せておけばいい」という時代ではなくなるわけです。

認知症の人も「生活者」ですから、消費の顧客となったり、さまざまな社会サービスの利用者となります。そうした場面でサポート役が求められるのは、お店の従業員や公共機関（図書館、公民館、交通機関）の係員、あるいはごく一般の市民となるでしょう。

この点を考えたとき、「認知症の人にどのように対応するか」というノウハウは、現代社会に生きるすべての人々にとって欠かせないスキル（一般常識）となってきます。もっと言えば、そうしたスキルを持つ人材を育てることが、社会全体の教育の柱となるわけです。

認知症の人はどれだけ増えていくか?

2020年

約602万人
（各年齢の認知症有病率が一定の場合）

65歳以上の高齢者の16.6%

→

2025年
団塊世代が全員75歳以上になる年

最大で約730万人
（各年齢の認知症有病率が上昇する場合）

65歳以上の高齢者の20.6%（**5人に1人**）

↓

社会のあらゆる場面で、
「認知症の人がいる」ことが当たり前になる

商店で… 役所で… 金融機関で…
街中で… 電車内で… 公園で… 飲食店で…

2 目指すべきは「認知症でも自分らしく生きられる社会」

◎キーワードは「社会参加」。そこで求められるサポートとは？

27ページ以降の章で詳しく述べますが、認知症というのは、脳の疾患によって「物事を記憶したり、認識したり、判断する」という認知機能が低下した状態を指します。

低下するのはあくまで「機能」であり、その人なりの物の考え方（人生観・価値観）が損なわれるわけではありません。つまり、その人なりの物の考え方を持って、「社会にかかわろう」とする意識はあるわけです。そこに人の尊厳があると言っていいでしょう。

たとえば、「家族のために買い物をして、料理を作る」、あるいは「自分の生きがいである仕事を全うしたい、だから職場に行く」といった、譲れない生活は誰にでもあります。

これらは、いずれも「社会とのかかわり」（買い物先や仕事先でのかかわり）によって成り立ちます。問題は、認知機能が低下していることで、「うまくかかわれない」状態が生じていることです。この部分をサポートすることが、認知症ケアの基本です。

また、「社会とのかかわり」をサポートするには、社会のあり方も認知症の人への理解あることが必要です。その点で、社会のしくみに光を当てることも認知症ケアの一環と言えます。

NGなのは、「うまくかかわれないのだから」と「社会とのかかわり」そのものを制限することです。これでは、その人の尊厳を奪うことになり、認知症ケアではなく人権侵害となります。

認知症の人も「社会にかかわろう」という意識がある

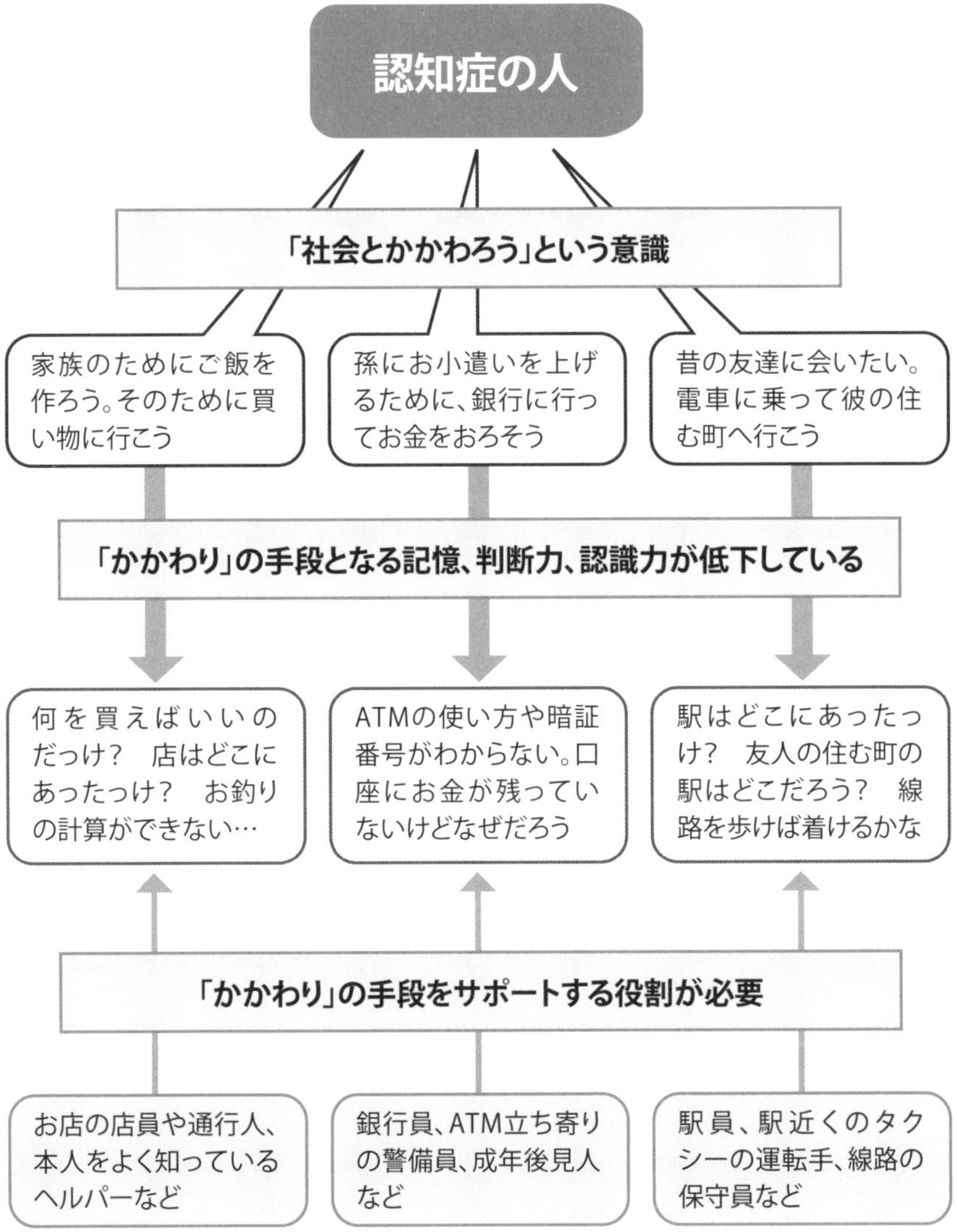
認知症の人
「社会とかかわろう」という意識
家族のためにご飯を作ろう。そのために買い物に行こう
孫にお小遣いを上げるために、銀行に行ってお金をおろそう
昔の友達に会いたい。電車に乗って彼の住む町へ行こう
「かかわり」の手段となる記憶、判断力、認識力が低下している
何を買えばいいのだっけ？ 店はどこにあったっけ？ お釣りの計算ができない…
ATMの使い方や暗証番号がわからない。口座にお金が残っていないけどなぜだろう
駅はどこにあったっけ？ 友人の住む町の駅はどこだろう？ 線路を歩けば着けるかな
「かかわり」の手段をサポートする役割が必要
お店の店員や通行人、本人をよく知っているヘルパーなど
銀行員、ATM立ち寄りの警備員、成年後見人など
駅員、駅近くのタクシーの運転手、線路の保守員など

3 2025年に向けて…認知症サポートをめぐる制度・環境

◎今や認知症ケアは国家戦略に。国はどのような方策を打ち出したのか？

前項で述べたように、認知症の人が「自分らしく生きる」ことを実現するには、社会のあり方そのものを変えていくことも必要です。

そのためには、国をあげての計画的な取組みを行なわなければなりません。

この取組みの方向を示したのが、2019年6月に定められた「認知症施策推進大綱」です。翌2020年には、この大綱に沿って介護保険法の認知症施策の条項も改正されました。

この大綱では、「予防」と「共生」という2つの軸を定めています。

「予防」というのは、「認知症にならないようにする」という意味ではなく、「認知症になるのを遅らせる」、「認知症になっても進行を緩やかにする」という意味です。

ここでの「進行」とは、周囲の対応や環境が大きく影響する「行動・心理症状（BPSD）」の悪化を防ぐことも含まれます。つまり、どのようなケア・どのような環境整備が、認知症の人の「生活のしづらさ」を解消するか——この点にも力を注ごうというわけです。

一方「共生」というのは、認知症がある人もそうでない人も同じ社会の中で「生きる」という意味です。そのためには、認知症の人が参加しながら、尊厳と希望を持って生きるための「社会づくり」が必要です。つまり、「社会のあり方」を変えていくわけです。

認知症施策推進大綱で掲げられた２つの柱

予　防

【一次予防】
認知症の発症を遅らせる、
発症のリスクを減らす

【二次予防】
認知症の早期発見・早期診断

【三次予防】
認知症の行動・心理症状
（BPSD）の改善など

↓

「認知症にならないようにする」という意味ではない。「認知症になることが本人の責任に帰する」という偏見や差別を生じさせてはならないことに注意

共　生

【認知症の人が
尊厳と希望をもって、
認知症とともに生きる】
＋
【認知症がある人も、
そうでない人もともに
同じ社会の中で生きる】
↓
本人の発信支援、
社会の認知症に対する理解、
本人の社会参加支援

↓

認知症の本人の「こうありたい」「社会にこうかかわりたい」という意思を、社会の側が理解・尊重をもってくみとることが必要になる

↓

例えば、適切な認知症ケアによるBPSDの改善によって「本人の苦しさ・つらさ」が緩和されれば、希望をもって社会とかかわっていくことができる。それが、症状の悪化を防ぐことにつながるという良循環が生まれる

4 新しい時代の認知症ケアとは、そもそもどのようなもの？

◎早期の発見・診断→重度化防止→社会参加へとつなげる流れ

認知症施策推進大綱で軸としている「予防」と「共生」ですが、これを一つの線でつないでいくと、以下のようなビジョンが浮かんできます。

認知症になると、周囲の人や環境とうまくかかわれなくなります。そのために、精神的に追い詰められて「うつ」症状に陥ることもあります。また、身近な家族が疲弊して本人への言動がきつくなり、それがさらに本人を追い詰めるという悪循環も生じがちです。

となれば、周囲の人ができるだけ早く「本人の認知症」に気づき、専門医の診断を通じて、本人や家族のつらさを取り除くためのケアにつなげることが必要です。

と同時に、さまざまな機関・職種のサポートによって、その人らしい生活に向けた「社会とのかかわり」を実現していきます。その結果、本人の望む「社会参加」が果たされ、人としての尊厳を損なうことなく、人生を全うしていく道が開かれるわけです。

この流れを見ると、医療や介護の専門職がかかわるだけではないことが分かります。専門職と、社会を支えるさまざまな人々が随所で連携しながら、本人をサポートしたり、「生活のしづらさ」を解消する環境整備に「総出」で取組んでいくことが必要です。

いわば「オール社会」が、新しい時代の認知症ケアの舞台となってくると言えます。

今、求められる認知症ケアの「流れ」

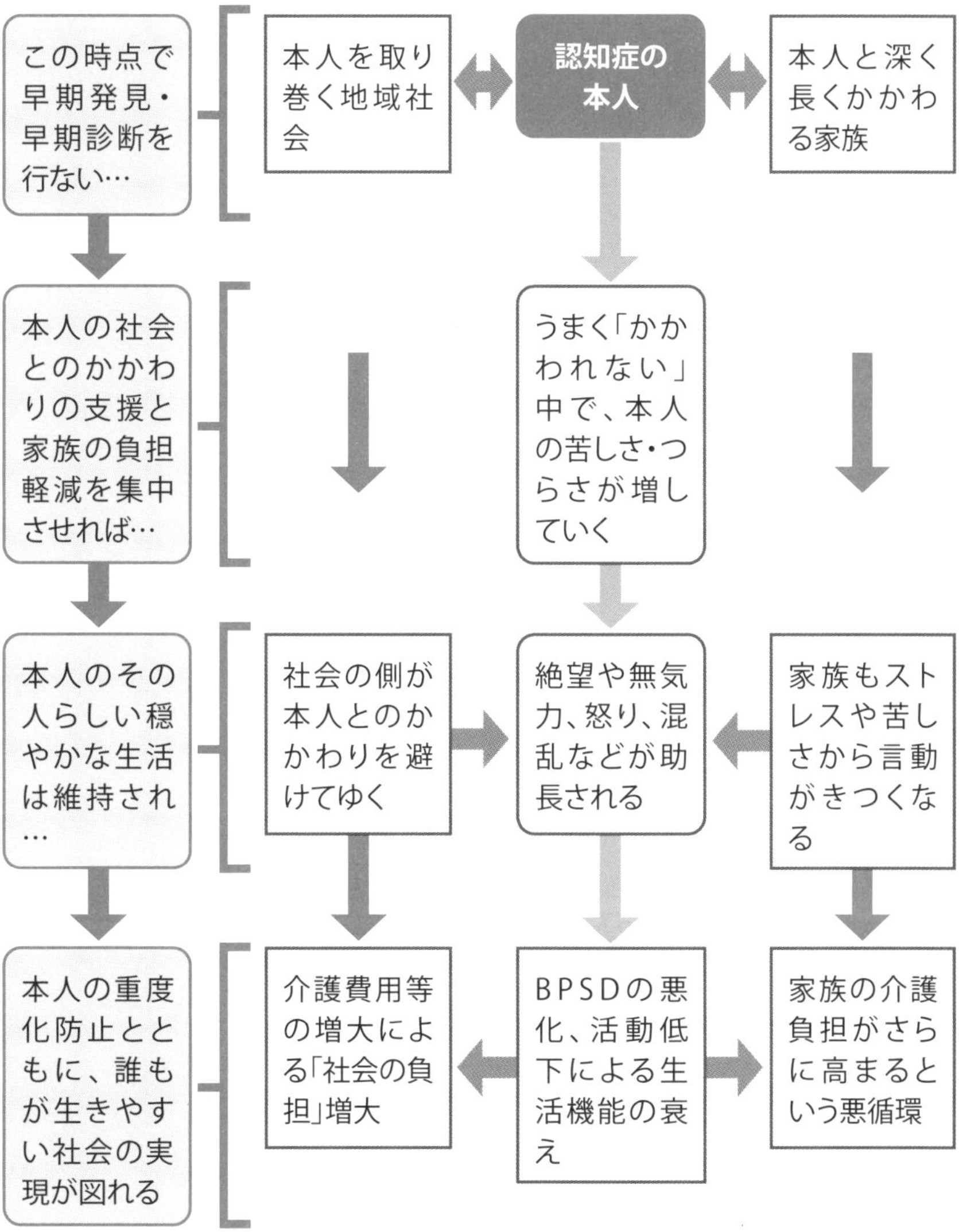
この時点で早期発見・早期診断を行ない…
本人を取り巻く地域社会
認知症の本人
本人と深く長くかかわる家族
本人の社会とのかかわりの支援と家族の負担軽減を集中させれば…
うまく「かかわれない」中で、本人の苦しさ・つらさが増していく
本人のその人らしい穏やかな生活は維持され…
社会の側が本人とのかかわりを避けてゆく
絶望や無気力、怒り、混乱などが助長される
家族もストレスや苦しさから言動がきつくなる
本人の重度化防止とともに、誰もが生きやすい社会の実現が図れる
介護費用等の増大による「社会の負担」増大
BPSDの悪化、活動低下による生活機能の衰え
家族の介護負担がさらに高まるという悪循環

5 医療・介護の専門分野でも、変わりつつある認知症ケア①

◎たとえば、入院中からも早期の社会復帰・参加を目指した取組みが

新しい時代の認知症ケアでは、社会の中のさまざまな人や資源が、医療や介護の専門職と連携していくことが必要です。では、後者の専門職の世界はどうなっているのでしょうか。

たとえば、認知症の人の心理に大きなダメージを与えがちな機会に、入院治療があります。認知症でなくても、入院して手術などとなれば不安やパニックになる人はいるでしょう。まして、自分が置かれている状況を認識する機能が低下していれば、入院時に「ここはどこか」「何をされるのか」という恐怖は想像もつかないほど大きくなります。

そこでBPSDが極端に悪化すれば、退院後の生活にもさまざまな支障が生じます。

確かに入院中であれば、「治療優先」となってしまいがちです。しかし、昨今では「退院後の本人の穏やかな生活」に配慮した「入院中からの認知症ケア」の取組みも進んでいます。

具体的には、2016年度の診療報酬改定で病棟での「認知症ケア」を評価した加算が誕生しました（認知症ケア加算）。これは、認知症ケアにかかわる専任の医師や看護師を配置したり、そうした専門職による認知症ケアチームを設けることが要件となっています。

また、バトンタッチする側の在宅医療でも、認知症の人を対象とした手厚い医療などを評価した認知症地域包括診療料が算定されています。ここでも「線」がつながっているわけです。

医療で制度化されている「認知症ケア」

生じうるリスク

リスク軽減のための診療報酬側の対応

認知症の人が持病悪化などで入院

- 生じうるリスク：環境が大きく変わることで本人の混乱が大きくなりやすい
- 入退院支援加算：入院時の本人情報の手厚い収集により、病棟での診療計画を立てる

↓

病棟での集中治療や心身にダメージのかかりやすい手術など

- 生じうるリスク：手術時のダメージなどからせん妄などが起こりやすいうえ、治療優先のために本人の行動抑制などが強まり、ストレスも増大
- 認知症ケア加算：認知症ケアを専門に手がける人材を病棟に配置し、本人のBPSD等の悪化を防ぐ

↓

退院

- 生じうるリスク：BPSDが悪化している可能性が高くなる
- 退院時共同指導：在宅を担う職種とのカンファレンスを通じ支援方針を定める

↓

在宅での療養へ

- 生じうるリスク：本人の症状悪化と家族の負担増加で、在宅での療養・服薬管理などがうまくいかない
- 認知症地域包括診療料：在宅医療における認知症の人への手厚い診療や、在宅介護との連携を評価

↓

状態が悪化しやすくなり、再度の入院リスクも高まる

6 医療・介護の専門分野でも、変わりつつある認知症ケア②

◎認知症の人の「社会参加」に向けて、さまざまな取組みが

医療側で「認知症ケア」の取組みが進んでいる一方、本来「認知症ケア」の最前線となっている介護分野では、どのような取組みが進んでいるのでしょうか。

介護分野では、認知症ケアを報酬上で評価したしくみとともに、認知症の人を専門的に受け入れるサービスもあります。たとえば、認知症の人が共同生活をおくるグループホーム、認知症の人のその時々の生活リズムなどに対応した小規模多機能型居宅介護などです。

こうした事業所などで力を入れているのが、認知症の人の「社会参加」を支援するという取組みです。どんな人でも、社会における自分の役割を全うすることが、人生における大きな喜びとなります。そこに人としての「尊厳」が生まれるわけです。

認知症の人も同様です。「お世話を受ける」だけではなく、「自分の役割を全うできる」ような機会を持つことが、その人らしい人生にとっては欠かせません。

たとえば、グループホーム（以下ＧＨ）や小規模多機能型などでは、農園で作物を作ったり、地域の人に料理をふるまうなどの場面が日常的です。最近では、こうした「貢献」の範囲を広げ、自動車ディーラーで洗車したり、レストランで提供する食材の皮むきをするなど、「有償ボランティア（厚労省は謝礼の受け取りも可としている）」として行なう事例も見られるようになりました。

介護保険の「認知症対応」に重点化したサービス

認知症対応型共同生活介護（グループホーム）
↓
1つの生活単位あたり5～9人で、認知症の人が共同生活を送る居住系サービス

小規模多機能型居宅介護
↓
認知症の人の心身の状態に応じて「訪問」「通い」「泊まり」を柔軟に提供する

認知症対応型通所介護（認知症デイ）
↓
1事業所あたり12人以下の少人数で、認知症の人が穏やかに過ごせることを重視

上記以外のサービスでも認知症対応を特別に評価したしくみが

通所介護 地域密着型通所介護（デイサービス）
↓
【認知症加算】
重度の認知症の人を一定以上受け入れ、認知症対応の専門研修を修了したスタッフを配置している

介護付き有料老人ホーム・短期入所サービスなど
↓
【認知症専門ケア加算】
認知症対応の専門研修を修了したスタッフを配置し、手厚いケアを行なっている

通所リハビリ（デイケア）
↓
【認知症短期集中リハビリ加算】
認知症の人の特有の認知の状況などに配慮しながら、個別リハを実施する

↓

認知症の人の意向に沿った「社会参加」を視野に入れた取組みも（本人による有償ボランティアの実践など）

7 医療・介護と協働する「オール社会」の役割

◎認知症の人のお金、人間関係、環境などを広く支えるには？

認知症の人の「その人らしい人生」を実現するために、変わりつつある医療や介護――そうした専門職と協働する「オール社会」の側には何ができるのでしょうか。

人が日常生活をおくるうえで、何が媒介（橋渡し）となるのかを考えてみましょう。大きく分ければ、「お金」「人」「（道具を含んだ）環境」となります。認知症の人は、この「橋渡し」部分でつまずくことにより、社会とのかかわりがうまくいかなくなっています。

「お金」であれば、これをうまく管理できないことで、暮らしのしづらさが高まります。最悪の場合、消費詐欺などの被害にも遭いやすくなります。

「人」であれば、家族が疲弊してしまうことで、適切なサポートが遅れる可能性が出てきます。周囲の人々との関係がぎくしゃくすれば、地域生活にもさまざまな支障が生じます。

「（道具を含んだ）環境」と言えば、近年問題となっているのが認知症の人の運転です。車をうまく操作できずに事故につながれば、他人や自身も命も危険にさらすことになります。

これらの「橋渡し」部分で、認知症の人のことを考えた改良・工夫を進められるかどうかが大きなカギとなります。そのためには、あらゆる職業、立場の人々の知恵の結集が必要です。知恵を育むには、社会全体での「人材づくり」からスタートすることになります。

認知症高齢者が「社会とのかかわり」でつまづきやすいのは?

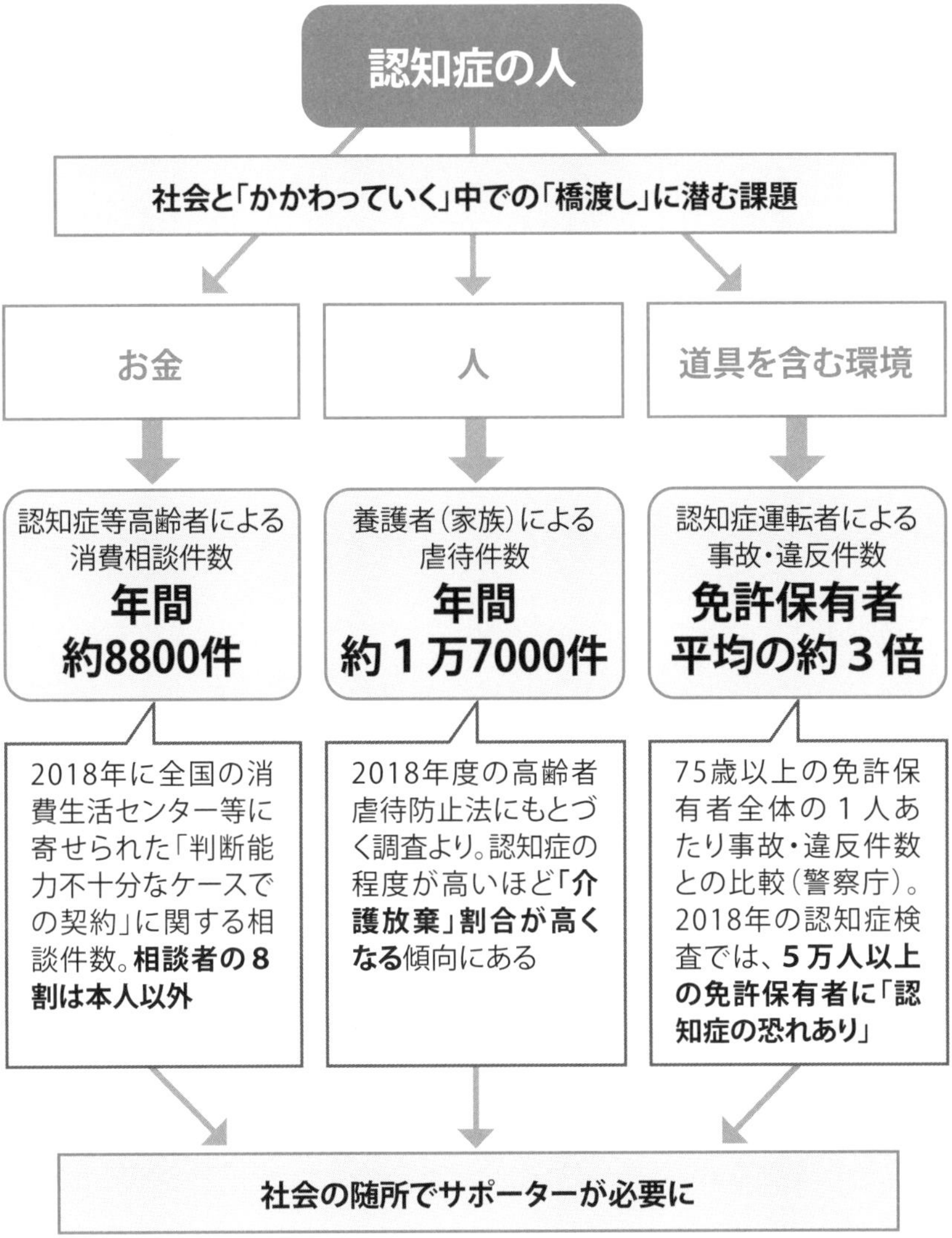
認知症の人
社会と「かかわっていく」中での「橋渡し」に潜む課題
お金
人
道具を含む環境
認知症等高齢者による消費相談件数
年間 約8800件
養護者(家族)による虐待件数
年間 約1万7000件
認知症運転者による事故・違反件数
免許保有者平均の約3倍
2018年に全国の消費生活センター等に寄せられた「判断能力不十分なケースでの契約」に関する相談件数。相談者の8割は本人以外
2018年度の高齢者虐待防止法にもとづく調査より。認知症の程度が高いほど「介護放棄」割合が高くなる傾向にある
75歳以上の免許保有者全体の1人あたり事故・違反件数との比較(警察庁)。2018年の認知症検査では、5万人以上の免許保有者に「認知症の恐れあり」
社会の随所でサポーターが必要に

8 社会全体では、認知症ケアができる人材はまだまだ少ない

◎これからの時代に求められる人材とは何か。どう育てるか？

認知症の人が暮らしやすい社会に向けては、社会における知恵の結集が必要であり、その知恵を発揮できる「人材づくり」が土台になると述べました。

残念ながら、そうした「人材」の育成は、まだまだ進んでいるとは言えません。

現代社会は、効率性や生産性ということが価値の主流となっています。企業も学校も地域社会も、この効率性や生産性をいかに向上させるかに多くの人々は熱意を注いでいます。

しかし、認知症の人が置かれているのは、「社会へのかかわりづらさ」という効率性や生産性とは真逆の世界です。効率性や生産性とは違う、もっと尊重すべき価値があるという物の考え方を育んでいかなければ、社会全体で認知症の人を支えることはできません。

考えてみれば、効率性や生産性といった価値に「乗り切れない」のは、認知症の人だけではありません。「乗り切れない」ゆえに「生きづらさ」を感じる人はたくさんいます。認知症の人を支えるための価値の転換は、そのまま「誰もが生きやすい社会」を作ることになります。

となれば、人を効率性や生産性で測るのではなく、どんな人であっても、そのありのままを理解・尊重するという「土台」が必要です。言い換えれば、偏見や悪意なく他者を包容するという価値観を浸透させていけるかどうか――これがスタートとなります。

現代社会で「認知症ケア」ができる人材を育てるには？

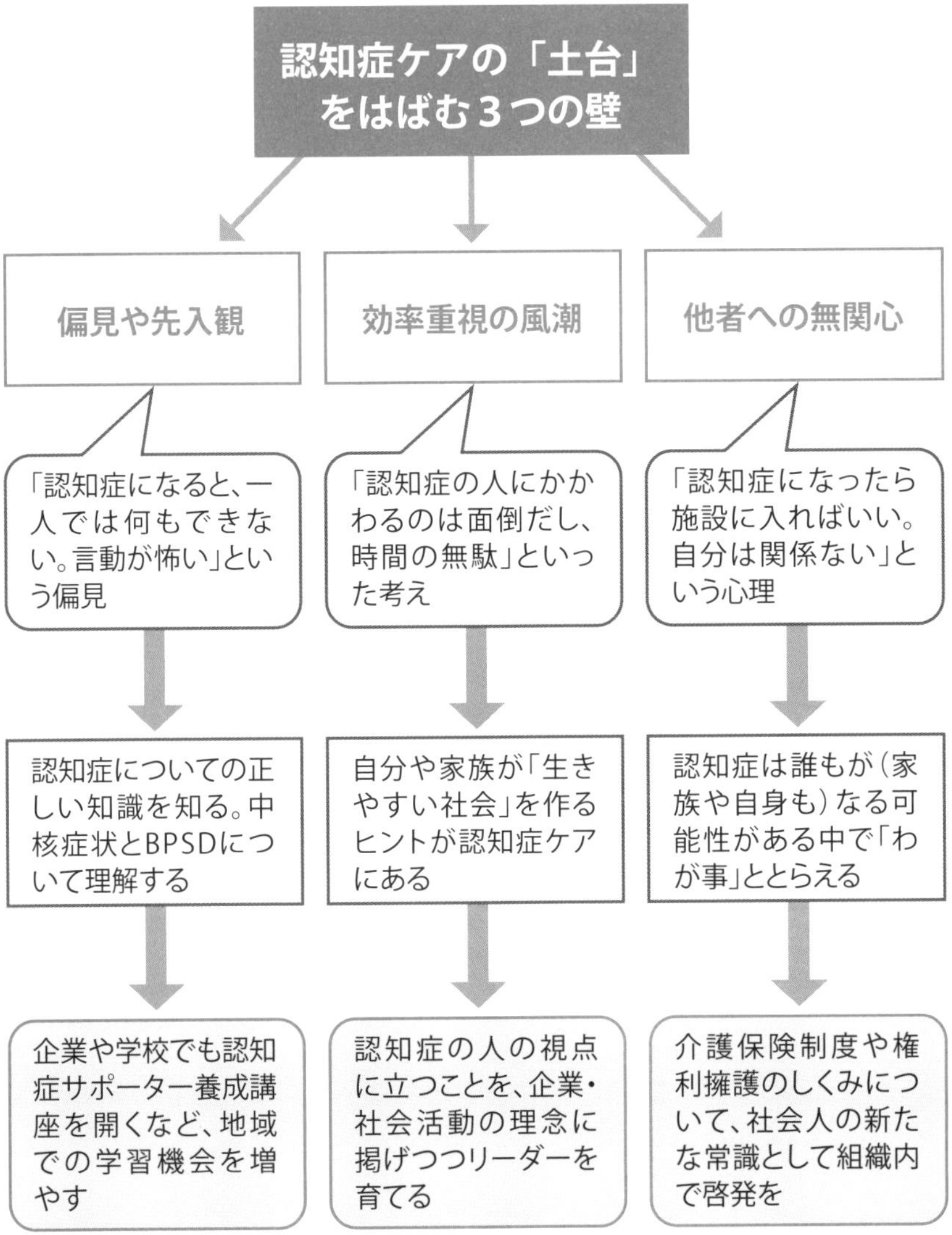
認知症ケアの「土台」をはばむ3つの壁
偏見や先入観
効率重視の風潮
他者への無関心
「認知症になると、一人では何もできない。言動が怖い」という偏見
「認知症の人にかかわるのは面倒だし、時間の無駄」といった考え
「認知症になったら施設に入ればいい。自分は関係ない」という心理
認知症についての正しい知識を知る。中核症状とBPSDについて理解する
自分や家族が「生きやすい社会」を作るヒントが認知症ケアにある
認知症は誰もが（家族や自身も）なる可能性がある中で「わが事」ととらえる
企業や学校でも認知症サポーター養成講座を開くなど、地域での学習機会を増やす
認知症の人の視点に立つことを、企業・社会活動の理念に掲げつつリーダーを育てる
介護保険制度や権利擁護のしくみについて、社会人の新たな常識として組織内で啓発を

9 認知症ケアができる人材育成に必要な「3つの視点」

◎他者の痛みを理解する力、痛みの解決を一緒に考える力、伴走しつつ解決を実践できる力

他者を理解・尊重するという「土台」の上で、どのようなスキルを育てればいいでしょうか。この場合の人材育成で必要となるのが、「3つの視点」です。

1つは「他者の痛みを理解する力（課題についての理解力）」、2つめは「痛みの解決を一緒に考える力（コミュニケーションを通じての思考力）」、3つめは「当事者と伴走しつつ解決策を実践できる力（双方向による現実化力）」という具合です。

もちろん、課題を理解（分析）したり、解決策を導き出したり、それを現実化するというのは、あらゆる経済・社会活動の中で実践されていることでしょう。

ただし、それらと異なるのは、常に「困りごとを抱えている相手（認知症の当事者や家族）」が一緒にいることです。課題を分析して解決策を考える場合に、常に一緒にいる人の意思を確認し、それを尊重することが横軸として通されていると考えていいでしょう。

その横軸がなぜ必要かと言えば、課題解決においては、ともすると一方的に「認知症の人を助けてあげる」的な思考になりやすいからです。確かに、認知症の人は「社会とのかかわりづらさ」に困ってはいますが、それでも「自分で何とかしよう」という尊厳はあります。

大切なのは、「その人らしさ」の象徴である尊厳を損なわないこと――これが大原則です。

認知症ケアを進めるうえで必要な「3つの視点」

【STEP1】
認知症の人のつらさや苦しさを理解すること

その人の「社会生活における課題」がどこにあるのかを理解するための**想像力・分析力**を養う

この人の訴えにはどんな思いがあるのか？
生活状況などと照らして見えてくる意向は？

その人の「痛み」を理解したうえで…

【STEP2】
本人のつらさ・苦しさの解決策を一緒に考える

その人が「どうありたいのか」を把握できる**コミュニケーション力**と解決のための思考力を養う

この人に「どうしたいのか」を語ってもらうには？
本人が納得・満足できる環境・手段は？

本人の意向に沿った解決策を見つけたら…

【STEP3】
その人と一緒になって解決策に取り組んでいく

当人に「この人となら一緒にやれる」という信頼を得る**人間力**と、解決策の改善を図っていく**検証力**

信頼してもらえるための態度や立ち位置は？
本人がこれで満足しているかを知る方法は？

認知症の人の「こんな状況」を理解する① 『作話』

直近の記憶が「抜け落ちてしまう」中で…

認知症の人と話をすると、時々「実際にはありえない話」をすることがあります。いわゆる「作話（話を作り出す）」です。

聞く側としては、「嘘をつくようになった」として、本人の人格まで疑うようになります。しかし、その受け止め方は正しくありません。

認知症の人は、（主に直近の）記憶が途切れています。本人にしてみれば、それは「なかったこと」になっています。

たとえば、目の前のお茶を自分で「飲んだ」のに、その記憶が途切れているとします。本人としては、目の前のお茶が減っているのに、自分で「飲んだ」という記憶がありません。

当然、「何が起こったのか」について、自分で理解したり、他者に説明するうえで「つじつま」を合わせることが難しくなります。

必死の中での「防御本能」と受け止めたい

となれば、自分なりに「納得できる話」を探すことになります。

本人にしてみれば、お茶が突然に「消えた」と映るわけですが、そんな不可思議なことを周囲に言えるわけはありません。

もちろん、「自分で飲んだ」という可能性もあるわけですが、その記憶がすっぽり抜け落ちているのを認めるのは、とても怖いことです。また、自尊心も大いに傷つくことになるでしょう。

いずれにしても、強い混乱からパニックに陥りかねないわけです。

人間であれば、そこで「自分を守る」（防御）本能が働きます。そのために、「誰かが来て勝手に飲んだ」とか「こぼした」といった「作話」によって、（周囲だけでなく）自分を納得させようとするわけです。

こうした本人の追い詰められた心理を理解しなければなりません。

第1章

早わかり！
認知症をめぐる
最新の基礎知識

1 認知症とは、そもそも何か？ 原因となる疾患は？

◎2020年の法改正で、認知症の定義が変わった。ポイントは？

2020年に介護保険法が改正され、その中の「認知症の定義」が見直されました。それによれば、認知症というのは、次のような状態を指します（一部意訳あり）。

「アルツハイマー病などの神経変性性疾患、脳血管疾患、その他の疾患により、日常生活に支障が生じる程度にまで認知機能が低下した状態をいう」

これを見て分かるように、認知症にはアルツハイマー病などの原因疾患があり、それによって認知機能が低下した「状態」を「認知症」としているわけです。

改正前は、「記憶機能」および「その他の認知機能」とされていました。これだと、どうしても「認知症＝記憶機能の低下」が強調されてしまいがちです。

実は、認知症によっては、記憶機能よりも見当識（自分のいる場所、時間を認識すること）や判断能力の低下が目立つケースもあります。また、神経変性性疾患の一つであるレビー小体症の場合は、幻視・幻聴が前面に出てくるという特徴があります。

こうしたさまざまな状態を理解することが、認知症ケアにおいては大切になってきます。

ちなみに、原因疾患としてアルツハイマー病、脳血管疾患、レビー小体症を取り上げましたが、その他としては前頭側頭型認知症などがあります。

認知症とは？

認知症の原因疾患とその「状態」について
～2020年の介護保険法改正による「新たな定義」～

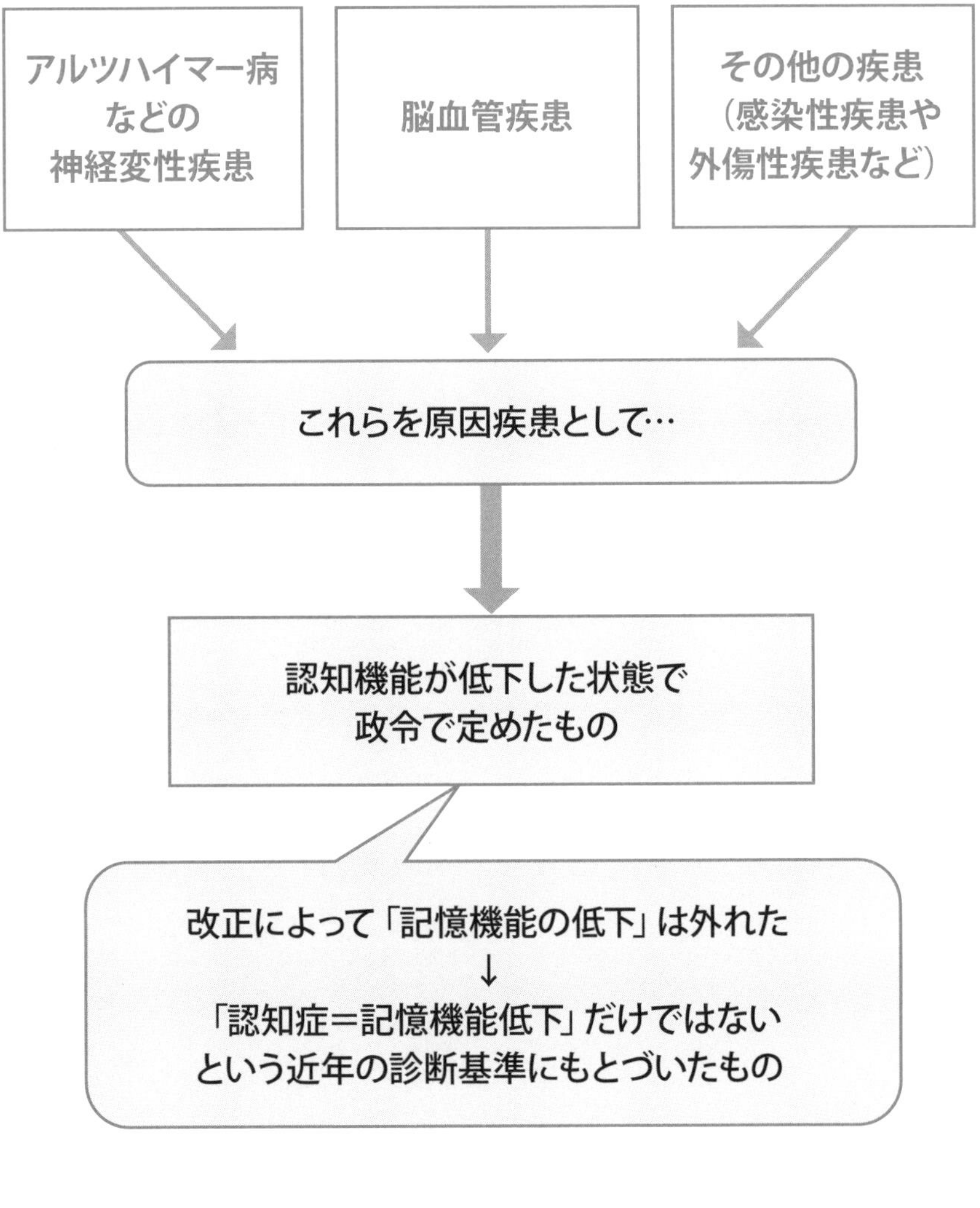
アルツハイマー病などの神経変性疾患
脳血管疾患
その他の疾患（感染性疾患や外傷性疾患など）
これらを原因疾患として…
認知機能が低下した状態で政令で定めたもの
改正によって「記憶機能の低下」は外れた
↓
「認知症＝記憶機能低下」だけではない
という近年の診断基準にもとづいたもの

2 認知症による「中核症状」と「行動・心理症状（ＢＰＳＤ）」の違い

◎病気そのものがもたらす症状と、その他の要因でもたらされる症状

前項で、認知症とは「認知機能」が低下した「状態」を指すと述べました。

この「認知機能の低下」によってもたらされる症状を中核症状と言います。

それが、記憶機能や見当識、判断能力の低下であり、レビー小体型（レビー小体症による認知症）で見られる幻視・幻聴なども含まれます。また、神経変性性疾患の一つである前頭側頭葉変性症（難病に指定されています）による前頭側頭型認知症の場合、記憶機能の低下よりも人格の変化や社会性の欠如（万引きなどの反社会的行動など）が目立つようになります。

前頭側頭型では「反社会的行動」が中核症状となるわけですが、たとえばアルツハイマー型認知症で興奮したり暴言が発せられたりするケースは、どう解釈すればいいのでしょうか。

このケースの場合、その心理状態や行動そのものは「中核症状」ではありません。

記憶機能や見当識が低下すれば、周囲の環境や人間関係との「折り合い」がうまくつかなくなります。そうした状態に置かれれば、人によってはパニックになったり攻撃的になったりします。あるいは、抑うつや妄想などに陥るケースもあるでしょう。

このように、周囲との「折り合い」がうまくつかない中で、人としてのさまざまな心理や行動が生じていきます。これを行動・心理症状（ＢＰＳＤ）と言います

認知症の種類（主なもの）

認知症にはその原因などにより、いくつかの種類があります。

□ レビー小体型認知症

◆脳内にたまったレビー小体という特殊なたんぱく質により脳の神経細胞が破壊されおこる病気です。

【症状】

現実にはないものが見える幻視や、手足が震えたり筋肉が固くなるといった症状が現れます。歩幅が小刻みになり、転びやすくなります。

■ 前頭側頭葉型認知症

◆脳の前頭葉や側頭葉で、神経細胞が減少して脳が萎縮する病気です。

【症状】

感情の抑制がきかなくなったり、社会のルールを守れなくなるといったことが起こります。

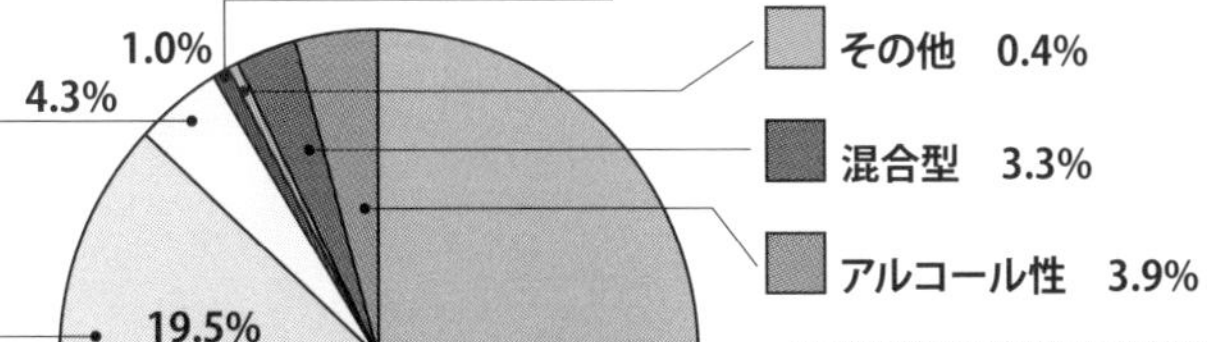
1.0%
4.3%
19.5%
67.6%
その他 0.4%
混合型 3.3%
アルコール性 3.9%

診断技術の向上により、たとえば、レビー小体型などは割合が増えている可能性もある。

□ 脳血管性認知症

◆脳梗塞や脳出血によって脳細胞に十分な血液が送られずに、脳細胞が死んでしまう病気です。高血圧や糖尿病などの生活習慣病が主な原因です。

【症状】

脳血管障害が起こるたびに段階的に進行します。また障害を受けた部位によって症状が異なります。

□ アルツハイマー型

◆脳内にたまった異常なたんぱく質により神経細胞が破壊され、脳に萎縮がおこります。

【症状】

昔のことはよく覚えていますが、最近のことは忘れてしまいます。軽度の物忘れから徐々に進行し、やがて時間や場所の感覚がなくなっていきます。

各説明は、全国国民健康保険診療施設協議会「認知症サポーターガイドブック」を元に作成データは、「都市部における認知症有病率と認知症の生活機能障害への対応」(H25.5報告)を引用
出典：厚生労働省・社会保障審議会介護保険部会（2019年6月）資料より

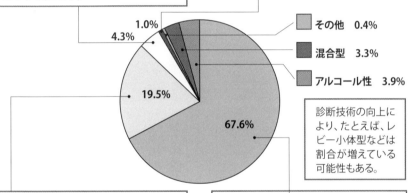

3 行動・心理症状（BPSD）をもたらすものは何か？

◎周囲との「かかわり」の中で、本来の性格・人間性などが影響する

中核症状によって周囲との「かかわり」がうまく築けない。そのことが、認知症の人の心理・行動に影響を与える――これが行動・心理症状（BPSD）です。

ただし、中核症状が同程度で、同じように「かかわり」がうまく築けないケースでも、BPSDの程度に差が生じることもあります。それは、なぜでしょうか。

これは、その人の本来の人間性や性格、あるいはまだ衰えていない昔の記憶（長期記憶と言います）にもとづく経験値などが影響していると考えられます。

私たちでも、同じ危機に遭遇してすぐパニックになる人もいれば、混乱はしても比較的落ち着いている人もいます。あきらめて、ただ落ち込んでしまう人もいるでしょう。

こうした人たちを「ケアする」となれば、その人に応じた個別の対応が必要です。そこでは、一人ひとりの性格や生活歴からくる物の考え方などを理解することが前提となります。

もう一つ重要なことは、その人の体調なども影響してくることです。

たとえば、持病の悪化で不快感（疼痛やだるさなど）があるとします。当然、こうした状況も人の心理面には大きな影響を与えます。中核症状によって「自分の身体の状態を認識する能力が低下している」となればなおさらでしょう。この点にも注意が必要です。

認知症によって生じる主な中核症状

記憶障害
物事を覚えられなくなったり、思い出せなくなる

理解・判断力の障害
考えるスピードが遅くなる。日用品が使えなくなる

実行機能障害
計画や段取りを立てて、行動することができない

見当識障害
時間や場所、周囲の人との関係性などが把握できない

↓

中核症状によって「周囲」との折り合いがつかなくなると…
もともとの性格や習慣、長期記憶にもとづく価値観などによって、
その人なりに「対処」しようとする

↓

「自分がいるべき場所ではない」と考えて、歩き回る
↓
帰る場所が分からなくなり、行方不明となることも

対象物・対象者への恐怖感や嫌悪感が生じる
↓
暴言や暴力行為など対象・他者への攻撃的態度に

折り合いのつかない状況で自分なりに整合性をとろうとする
↓
作話や蒐集、不潔行為など周囲から見て理解しにくい行動に

4 中核症状の改善は難しいが、BPSDの改善は可能

◎BPSD改善に向け、医療や介護はどのような介入を行なっていく？

認知症の本来的な症状を指すのが「中核症状」です。「認知症を治す」となれば、この中核症状を「治す」ことになるわけですが、残念ながら現状の医学では困難です。

たとえば、アルツハイマー型やレビー小体型のように、神経変性疾患による認知症の場合、薬によって進行を緩やかにすることはできますが、根治させることはできません。

もちろん、例外はあります。たとえば脳血管性認知症であれば、原因疾患は脳梗塞などの脳血管疾患ですから、手術や投薬によって改善が見込めることもあります。

しかし、こうしたケースでも、中核症状の目覚ましい改善はどうしても限られます。

そこで視点を変えてみましょう。本人の立場に立ったとき、大切なのは「中核症状が進んでも、自分らしく穏やかに暮らせること」です。どういう状態で「自分らしく」なれるのかといえば、社会環境や周囲の人々との「かかわり」がうまく築けていることです。

これは、ＢＰＳＤが改善されている状態と言っていいでしょう。となれば、医療も介護も、この「ＢＰＳＤの改善」に向けた取組みがカギとなるわけです。

たとえば、医療であればＢＰＳＤを左右する「体調管理」に力を注ぐ。介護であれば、本人を理解しつつ、周囲とのかかわりをサポートしていくということになります。

行動・心理症状（BPSD）

行動・心理症状（BPSD）を悪化させる要因

本人の体調	周囲の環境	周囲の態度・対応
体調悪化に加え、不快感を客観的に認識できないゆえに本人の心理的な不安定感が増す	見当識障害のため周囲からのわずかな刺激でも、本人の心理状況に大きく影響する	周囲との折り合いがつきにくい中で、かかわる人の否定的・威圧的態度が本人を追い詰める

↓

BPSDの悪化につながりやすい

↓

BPSDの悪化を防ぐには…

↓

本人の体調	周囲の環境	周囲の態度・対応
主治医や看護師、薬剤師との連携で、持病・服薬管理をしっかり行なう	空間づくりや照明・音響等の環境整備において、本人の見当識に配慮	本人が信頼を寄せやすいよう、支援者側の認知症対人スキルを高める

5
認知症に対する処方薬の位置づけとその種類①

◎「進行を遅らせる」ための薬は4種類。どのような働きが？

アルツハイマー型など神経変性性の認知症については、現状で、中核症状を根治させることはできません。しかし、「進行を遅らせる効果」が期待できる薬はあります。

現在、アルツハイマー型認知症で、保険適用となっている薬は4種類あります。そのうちの1つ（メマンチン）は、レビー小体型にも保険が適用されています。

この4種類は、「その働き」によって2つに分けられます。

1つは、抗コリンエステラーゼ阻害薬です。アルツハイマー型やレビー小体型の認知症の人の場合、神経同士のネットワークをつなぐアセチルコリンという神経伝達物質が減少しています。そこで、脳内のアセチルコリンが分解されるのを防ぐというのが、この薬の機能です。認知症薬でよく耳にする「アリセプト（商品名）」も、この機能による薬です。

もう1つは、NMDA受容体拮抗薬です。これは神経伝達物質を受け止めるNMDA受容体の働きをコントロールし、神経細胞が傷つくのを抑えるというものです。

先に述べた神経伝達物質の一つに、グルタミン酸があります。このグルタミン酸が活性化すると神経細胞が傷つきやすくなります。そこで受け止め役（NMDA受容体）の側に働きかけることで、活性化したグルタミン酸から神経細胞を守るというわけです。

アルツハイマー型認知症で、現在認可されている認知症薬について

分類	コリンエステラーゼ阻害薬			NMDA受容体拮抗薬
成分名	ドネペジル	ガランタミン	リバスチグミン	メマンチン
商品名	アリセプト	レミニール	リバスタッチ イクセロンパッチ	メマリー
対象	軽度〜重度 ※レビー小体型にも適応	軽度〜中等度	軽度〜中等度	中等度〜重度
剤型	錠剤、粉	錠剤、内服薬	貼り薬	錠剤

コリンエステラーゼ阻害薬：脳内のアセチルコリンという神経伝達物質の分解を防ぐ

NMDA受容体拮抗薬：神経伝達物質を受け止める側の働きをコントロール

6 認知症に対する処方薬の位置づけとその種類②

◎認知症薬には副作用もある？　どんな点に注意が必要か？

前項で述べた認知症には、時として副作用も報告されています。

たとえば、抗コリンエステラーゼ阻害薬では、「著しい」というわけではありませんが、下痢や吐き気、食欲不振などの胃腸障害が発生することがあります。

また、抗コリンエステラーゼ阻害薬には、「イクセロンパッチ（商品名）」という貼り薬があるのですが、こちらはかぶれやかゆみなどの皮膚症状が現れることがあります。

一方、ＮＭＤＡ受容体拮抗薬では、めまいや頭痛、便秘などの症状が現れることがあります。

こうした症状が現れた場合、患者は処方した専門医に相談することが必要です。場合によっては、処方を止めたり別の薬に変えるということもあります。

注意したいのは、副作用による体調の悪化は、認知症の人にとってＢＰＳＤを悪化させる要因になりやすいことです。認知症薬が処方された場合には、処方した医師と介護側の専門職がしっかりと連携しながら、ＢＰＳＤの悪化状況などの情報共有を欠かさないことが重要です。

なお、ＢＰＳＤに対しては、抗精神病薬は原則として適応外です。極度のＢＰＳＤ悪化に際して一時的に処方されることもありますが、国が示している「向精神薬使用ガイドライン」に沿った処方が行われているかどうか注意が必要です。

認知症薬にも副作用はある

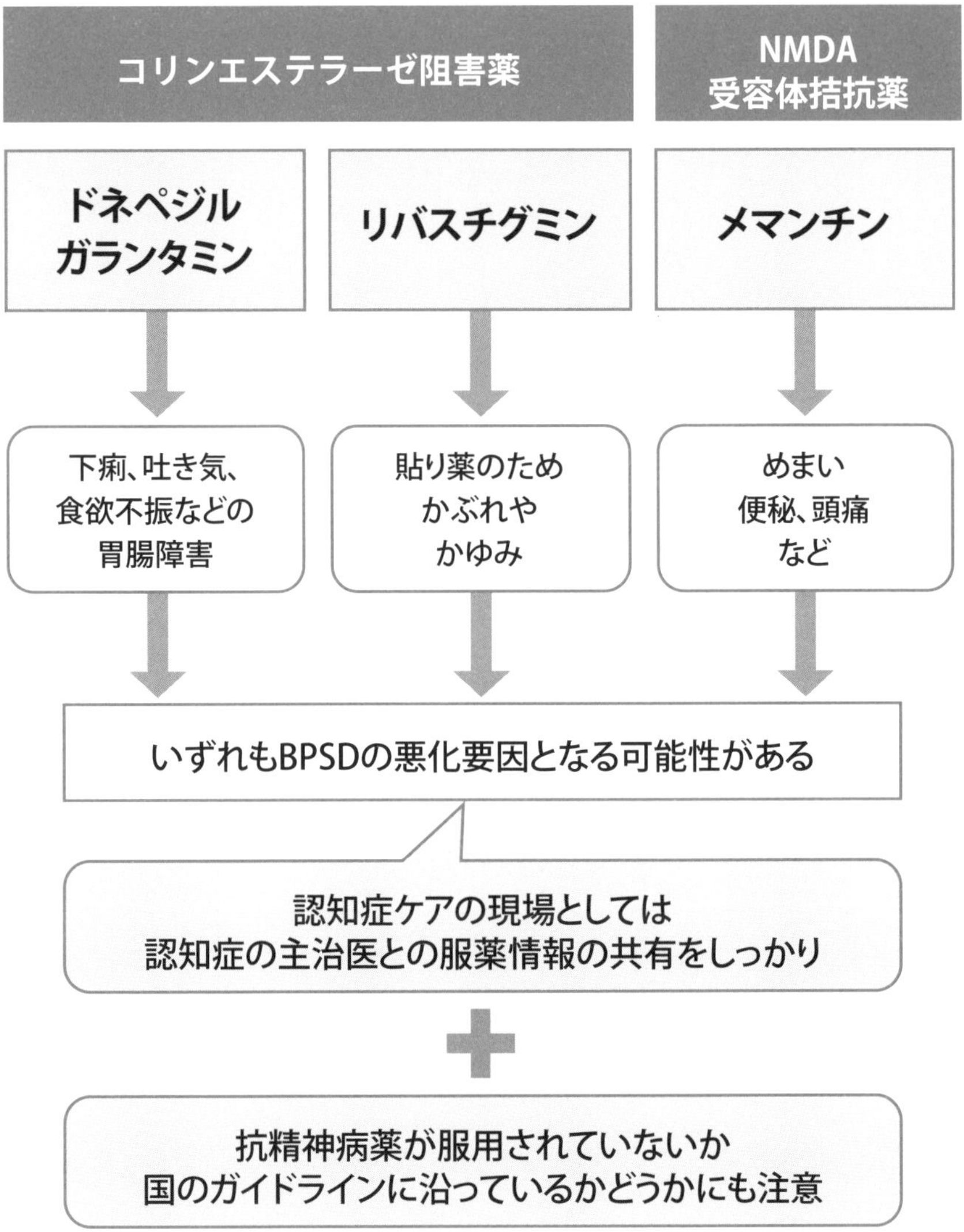
コリンエステラーゼ阻害薬
NMDA受容体拮抗薬
ドネペジル
ガランタミン
リバスチグミン
メマンチン
下痢、吐き気、食欲不振などの胃腸障害
貼り薬のためかぶれやかゆみ
めまい便秘、頭痛など
いずれもBPSDの悪化要因となる可能性がある
認知症ケアの現場としては
認知症の主治医との服薬情報の共有をしっかり
抗精神病薬が服用されていないか
国のガイドラインに沿っているかどうかにも注意

7 国がかかげる「認知症予防」の意味とは何か？

◎「予防＝認知症にならない」という理解では、さまざまな問題も

２０１９年６月に、政府は「認知症施策推進大綱（以下、大綱）」を取りまとめました。この大綱が施策の「柱」としているのは「予防」と「共生」です。このうちの「予防」とはどういう意味なのでしょうか。認知症の「予防」は可能なのでしょうか。

「予防」というと、「認知症にならないようにする」ことと解釈されがちです。しかし、大綱ではこの意味をとらず、「認知症になるのを遅らせる」「認知症になっても進行を緩やかにする」という意味であることを強調しています。

そのうえで、運動不足の改善、糖尿病や高血圧症等の生活習慣病等の予防、社会参加による社会的孤立の解消などが、「認知症予防に資する可能性が示唆されている」と述べています。

「ならないようにする」と「遅らせる」の違いは微妙なうえ、解釈によっては自己管理の必要性を訴えているとも取れます。これに対し、認知症の当事者団体などからは、「認知症になるのは自己責任という考え方が広まりかねない」という懸念の声が持ち上がりました。

そこで、大綱では「予防」を一次（発症リスク低減）、二次（早期発見・対応）、三次（重症化予防）と３段階に分けました。この中の三次予防では、機能維持やＢＰＳＤへの対応（三次予防）も含めるなど、ケアの重要性に重きを置いています。

認知症施策推進大綱がかかげる「予防」とは？

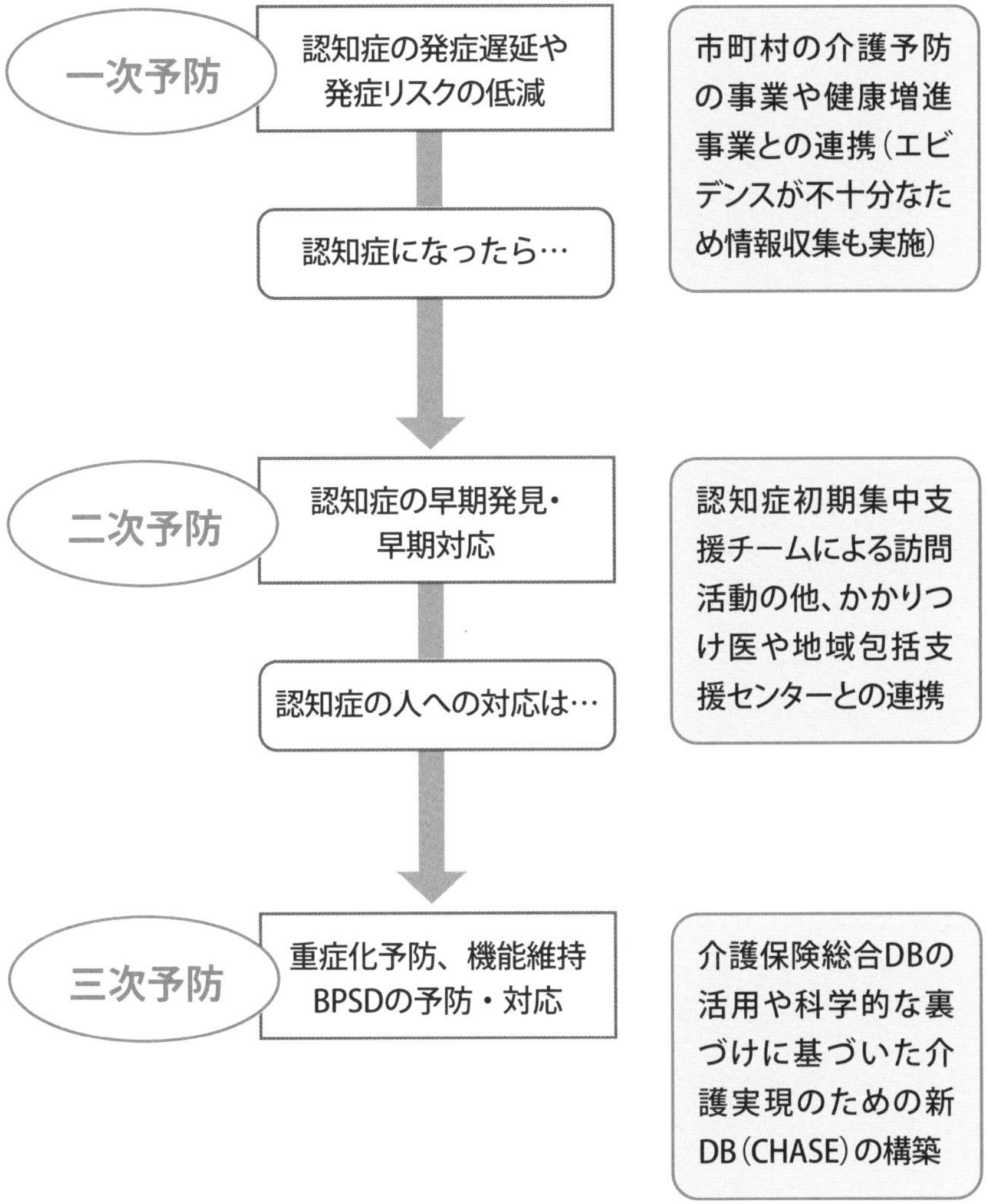
一次予防
認知症の発症遅延や発症リスクの低減
市町村の介護予防の事業や健康増進事業との連携（エビデンスが不十分なため情報収集も実施）
認知症になったら…
二次予防
認知症の早期発見・早期対応
認知症初期集中支援チームによる訪問活動の他、かかりつけ医や地域包括支援センターとの連携
認知症の人への対応は…
三次予防
重症化予防、機能維持
BPSDの予防・対応
介護保険総合DBの活用や科学的な裏づけに基づいた介護実現のための新DB（CHASE）の構築

8 「軽度認知障害（MCI）」とは？認知症とどう違う？

◎正常な人と比較すると認知症の進行リスクは10倍以上!?

前項で述べた大綱では、一次予防として発症遅延や発症リスクの低減が目指されています。では、どのような人が認知症を発症しやすいのでしょうか。

これについて、科学的な解明はまだ十分に行われていません。

ただし、データ的には「認知症へと進行するリスク」が高いケースというものがあります。それが「軽度認知障害」です。ＭＣＩなどと呼ばれることもあります。

ひと言でいえば「正常と認知症の中間の状態」を指します。症状としては、物忘れはあるけれども、日常生活に支障はないという状態です。

ただし、軽度認知障害の人は、年間で10～30％が認知症に進行するというデータがあります。正常な人の認知症発症率は年間で1～2％ですから、10～15倍ということになります。

一方で、5年後に4割近くの人が正常なレベルに回復しているというデータもあります。

国としては、一次予防のために社会参加のための「通いの場」の整備や、生活習慣病予防のための健康相談等の活動を推進しています。

当然、軽度認知障害の人も主たるターゲットとなってくるでしょう。こうした軽度認知障害の人への対応も、広い意味での認知症ケアに含まれる時代が訪れようとしています。

軽度認知障害（MCI）とは？

【定義】

①年齢や教育レベルのみでは説明できない「記憶障害」がある
②本人から（または家族によって）もの忘れの訴えがある
③全般的な認知機能（見当識など）は正常範囲である
④日常生活動作は自立している
⑤認知症の診断基準には達していない

↓

しかし…

↓

●年間10～30%が認知症へと進行
（正常な人の認知症進行率より10～15倍高い）
●正常なレベルに回復するケースもある
（5年後に38.5%が正常化したという報告あり）

↓

2012年時点で約400万人
（同年の認知症の人は約462万人）
認知症の人と合わせると高齢者の約４人に１人

9 若年性認知症とは何か？高齢者の認知症との違い

◎より幅広い社会支援が必要なケースが多い中、どんな課題が？

認知症の多くは高齢期、各種制度上の高齢者の定義で言えば65歳以上で発症します。しかし、64歳以下でも発症することはあります。これを若年性認知症と言います。「若年性認知症」という病気のカテゴリーがあるわけではありません。

では、なぜわざわざ「若年性認知症」と呼ぶのでしょうか。

64歳以下の人は、いわゆる現役で仕事等をしている人が多く、中には世帯の収入の中心を担うという立場の人も少なくありません。本人としては、就労継続なども希望も強いでしょう。つまり、高齢者と比べた場合に、置かれている社会的な状況が異なってくるわけです。

また、仮に40歳未満で発症すると、制度上は介護保険の対象とはなりません（40〜64歳であれば、若年性認知症は特定疾病として介護保険の対象となります）。

この点を考えたとき、介護保険以外のさまざまな社会保障制度はもちろん、本人の就労継続や家族を含めた経済支援など、幅広い社会支援が必要になります。

認知症ケアに携わる人々としても、医療・介護の制度だけでなく、国の障がい者施策や本人が企業に勤めている場合の雇用制度などの幅広い知識が求められます。若年性認知症の人のための相談窓口もあるので、そうした地域資源にも通じることが重要です。

若年性認知症とは？　その特徴は？

65歳（高齢者の定義）未満で発症する認知症

本人をめぐる社会状況が高齢者と異なる場合が多い
- ●現役で仕事・学業などを続けている人が多い
- ●世帯を経済的に支えているという人もいる
- ●子育てなどがまだひと段落していないケースもある

40～64歳であれば
↓
特定疾病（初老期認知症）と認められるので介護保険を使うことができる

40歳未満であれば
↓
一定の精神症状が認められる場合には「精神障害者保健福手帳」が取得できる。レビー小体型や脳血管性の場合は「身体障害者手帳」に該当する場合も

↓

多様な支援・制度の必要性

↓

- ●仕事を休業した場合→傷病手当金
- ●退職した場合→障害年金、雇用保険の失業手当
- ●再就職を目指す場合→就労継続支援事業

【相談窓口】
地域包括支援センター、若年性認知症コールセンター
若年性認知症支援コーディネーター、認知症医療疾患センター

認知症の人の「こんな状況」を理解する②　『妄想』

時には「衝動的な行動」につながりやすい

「持ち物を盗られた」、「誰かがのぞいている」など、実際には「ない」ことへの不安や怒りなどを訴えてくるケースです。

26ページの「作話」と同じく、抜け落ちた記憶や見当識の衰えによる不安から生じてくるものですが、「妄想」の場合、それ自体が本人の怯えや不安を高め、衝動的な行動（「自分のものを盗んだ」と言って他者を激しく責めるなど）につながることもあります。

また、レビー小体症の場合、幻視・幻聴などをともないます。記憶や見当識が衰えることによる不安がある中で、幻視・幻聴が生じるとなれば、本人の恐怖感などもより強くなります。

本人が何を求めているかという背景ニーズに着目

こうしたケースの場合、（認知症ケアでは基本ですが）本人の言動を否定してはなりません。不安や恐怖が増す中で「否定」されれば、心の拠り所はさらに失われ、支援者への疑心暗鬼も強まります。

たとえば、「持ち物を盗られた」という訴えが寄せられたら、まずは否定せずに親身に対応することです。

本人にしてみれば、「あったはずの物が突然消えてしまった」わけですから、「被害にあった」という意識はもちろんですが、「何が起こっているのか」という不安が先に立っていることがあります。

つまり、「誰かにそばにいて、話を聞いてほしい」というニーズが背景にあると言えます。支援者としてはそばに寄り添い、「孤立感からくる不安」を和らげたうえで、話を聞くことから始めましょう。

「信頼できる人がいる」という安心感が生じれば、背景のニーズは叶えられるわけで、それだけで「妄想」が収まることもあります。

第2章

認知症ケアについての基本的な考え方

1 その人の「認識できていること」を理解する

◎長期記憶や限られた見当識の中で、何が見えているか？

認知症の人は、物事を認知する能力が衰えています。そのため、認知症の人を支援する場合、「その人が認識できない部分をサポートしよう」という意識が先に立ちがちです。

これは、本人の「できないこと」への着目から入ることになります。

確かに「できないこと」のサポートは必要です。しかし、それを入口としてしまうと、本人なりに「カバーしよう」とすることへの否定が前提となりかねません。

これは、本人の尊厳を損なうことにつながります。

本人としては、自己の尊厳を守るために、サポートしようとしている人を拒絶したり攻撃的になることがあります。また、現実とのズレを無理に「修正しよう」とすることで、本人の安全を脅かすような危険な行為がかえってエスカレートすることにもなりかねません。

こうした点を考えた場合、支援する側としては「その人のできないこと」から着目するのではなく、今の認知状況でも「できていること」に目を向けることが必要です。

たとえば、アルツハイマー型の場合に後々まで残りやすい長期記憶や、限られた見当識を手掛かりとして、本人は「自分なりに現実と折り合いをつけよう」としています。それらをきちんと理解することが、本人との信頼を築き、ＢＰＳＤの悪化を防ぐ土台となるわけです。

「折り合いがつかない部分」だけに目を向けないことが大切

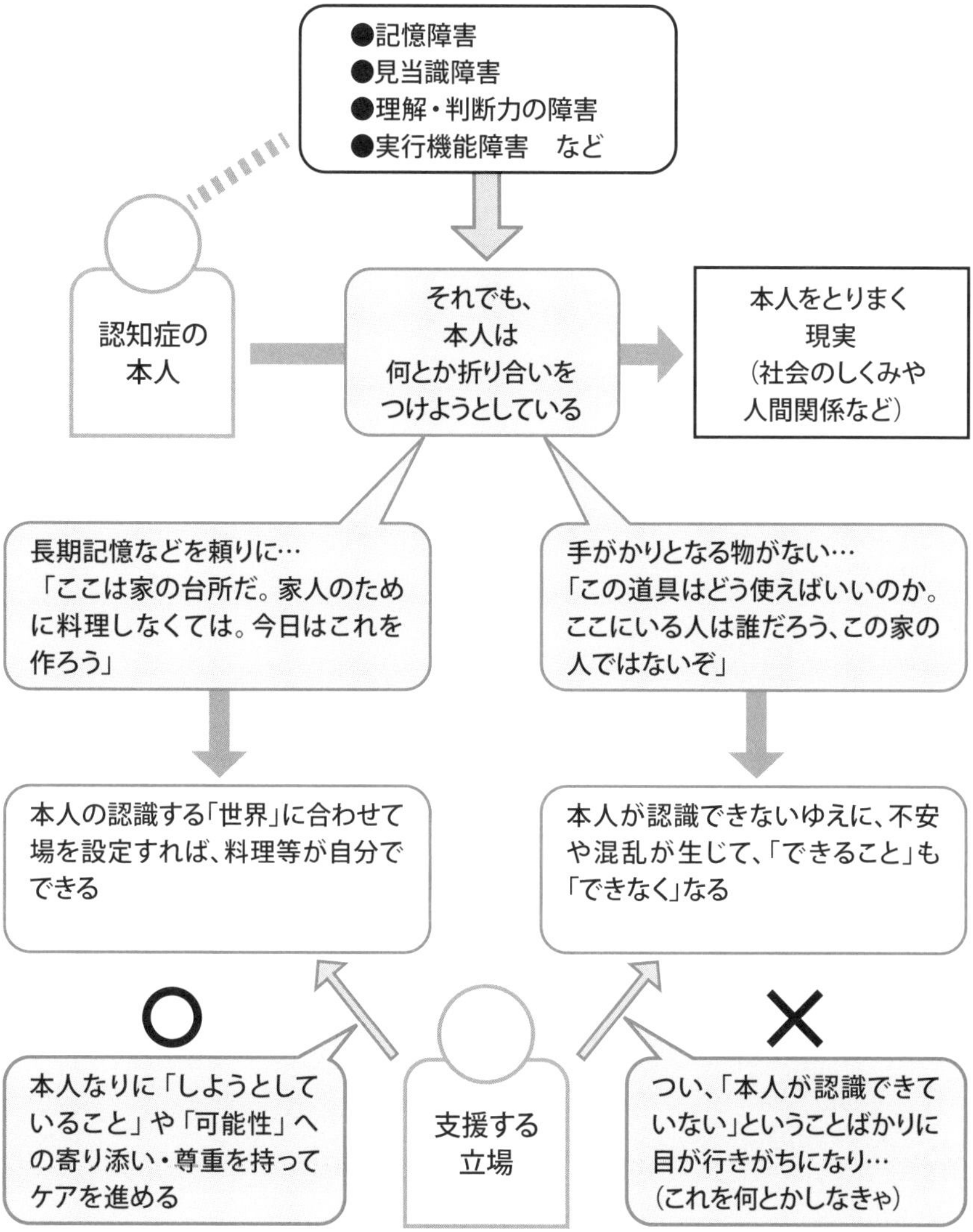

2 その人の中で生じている感覚や気持ちを理解する

◎「自分だったらどう感じるだろうか」という想像力が問われる

本人の認識の範囲に思いを寄せたら、次は、それによって「本人がどんな感覚に陥っていて、どんな気持ちになっているか」を理解する努力が必要です。

たとえば、見当識が衰えることで、「自分が今、どんな場所にいるのか」を理解できなくなっているとします。あなたが、本人の立場だったらどう感じるでしょうか。

本当はデイサービスに来ているのですが、本人なその理由を理解できていないかもしれません。そうなると、「知らない場所に連れてこられた」と感じることもあるでしょう。

また、長い廊下や高い天井などを見て、「ここは大きな建物なのだな」という認識が衰えていれば、感じたことのない威圧感を受けることもあるはずです。

いずれにしても、不安感や恐怖感が先に立つはずです。それだけで、「ここから早く逃げ出したい」という気持ちが強まり、急いで外に出ようとしたり暴れることもあるでしょう。

その人のこうした心理状況を想像することができれば、「どうすれば安心感を与えることができるか」という思考につなぐことができます。これも認知症ケアの入口です。

先の空間のケースで言えば、本人の長期記憶に残っている家具や装飾が1つでもあることで、「ここでは危ない目にはあわなさそうだ」という安心感を与える可能性が高まります。

私たちが何気なく「見聞きしているもの」を本人の立場に立って再認識してみる

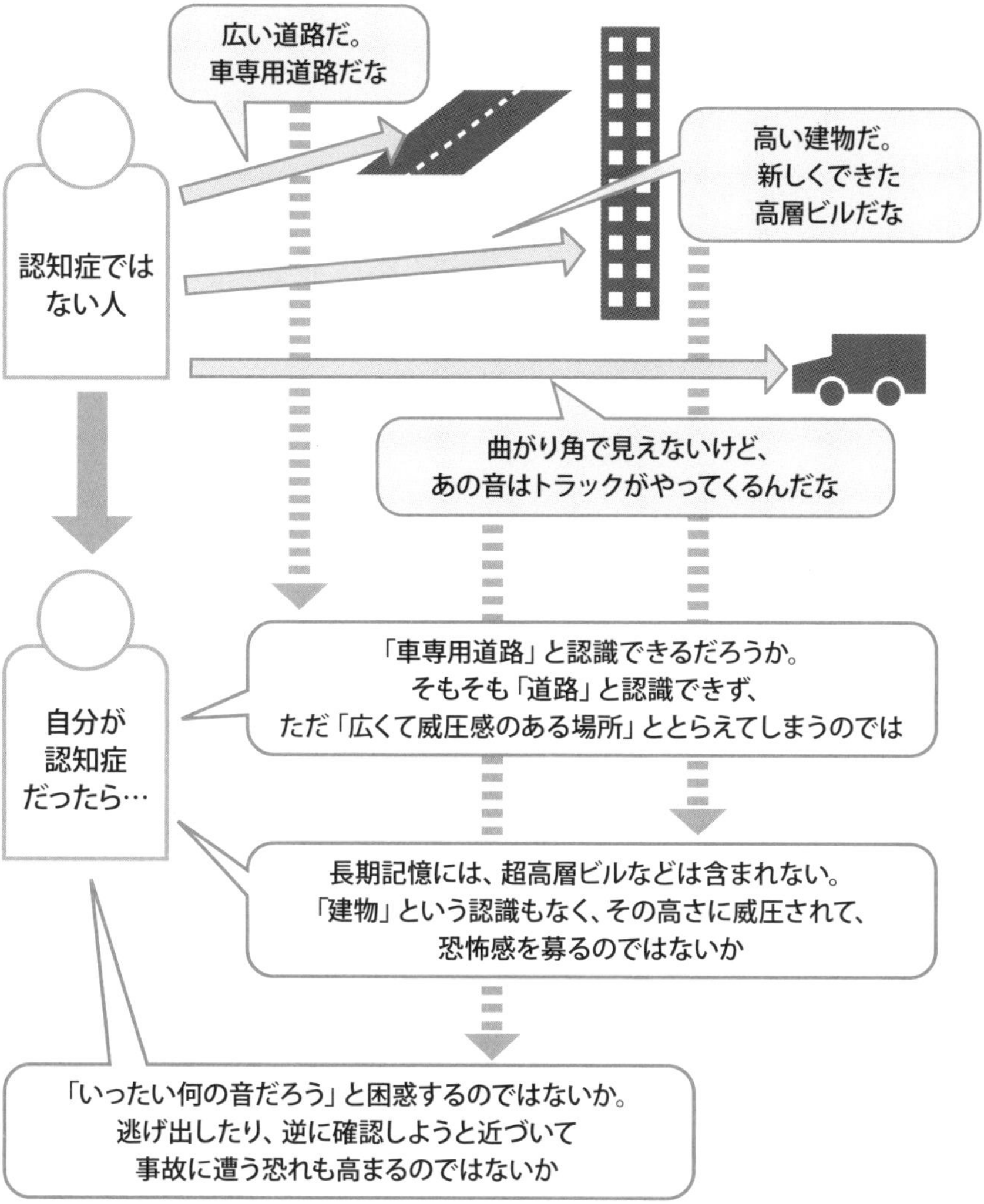
広い道路だ。車専用道路だな
高い建物だ。新しくできた高層ビルだな
認知症ではない人
曲がり角で見えないけど、あの音はトラックがやってくるんだな
自分が認知症だったら…
「車専用道路」と認識できるだろうか。そもそも「道路」と認識できず、ただ「広くて威圧感のある場所」ととらえてしまうのでは
長期記憶には、超高層ビルなどは含まれない。「建物」という認識もなく、その高さに威圧されて、恐怖感を募るのではないか
「いったい何の音だろう」と困惑するのではないか。逃げ出したり、逆に確認しようと近づいて事故に遭う恐れも高まるのではないか

3 何が、その人の知覚に影響を与えているか①

◎「人間の五感」は周囲からさまざまな影響を受けている

物事を認知する能力が衰えていると、ほんのちょっとした刺激が、その人にとっては大きな不安感や不快感を与えることがあります。

認知症でない人でも、今まで体験したことがないような現象や感覚に出会えば、とてつもない驚きを感じたり、強い警戒感を持つはずです。

たとえば、何の推進力もなく人が宙に浮かんでいたら、誰でも腰を抜かさんばかりになるでしょう。人里離れた所で聞いたこともない動物の鳴き声を聞けば、「何がやってくるのだろうか」と最大限に警戒心を向けようとするものです。

認知症の人は、周囲からの刺激に対して、常にこうした状況に置かれています。

となれば、その人が置かれている環境の中で、本人の五感にどのような刺激がもたらされているのかを、本人の立場になって気を配る必要があります。

五感というのは、視覚、聴覚、触覚、味覚、嗅覚です。そうした五感にどのような刺激が加わっているかを、一度意識してみてください。「何も聞こえていない」と思っても、意識すると町のさまざまな騒音が耳に入ることに気づくでしょう。

これが、認知症の人の置かれている世界を知る第一歩となります。

人は常に「五感におよぶ刺激」にさらされている

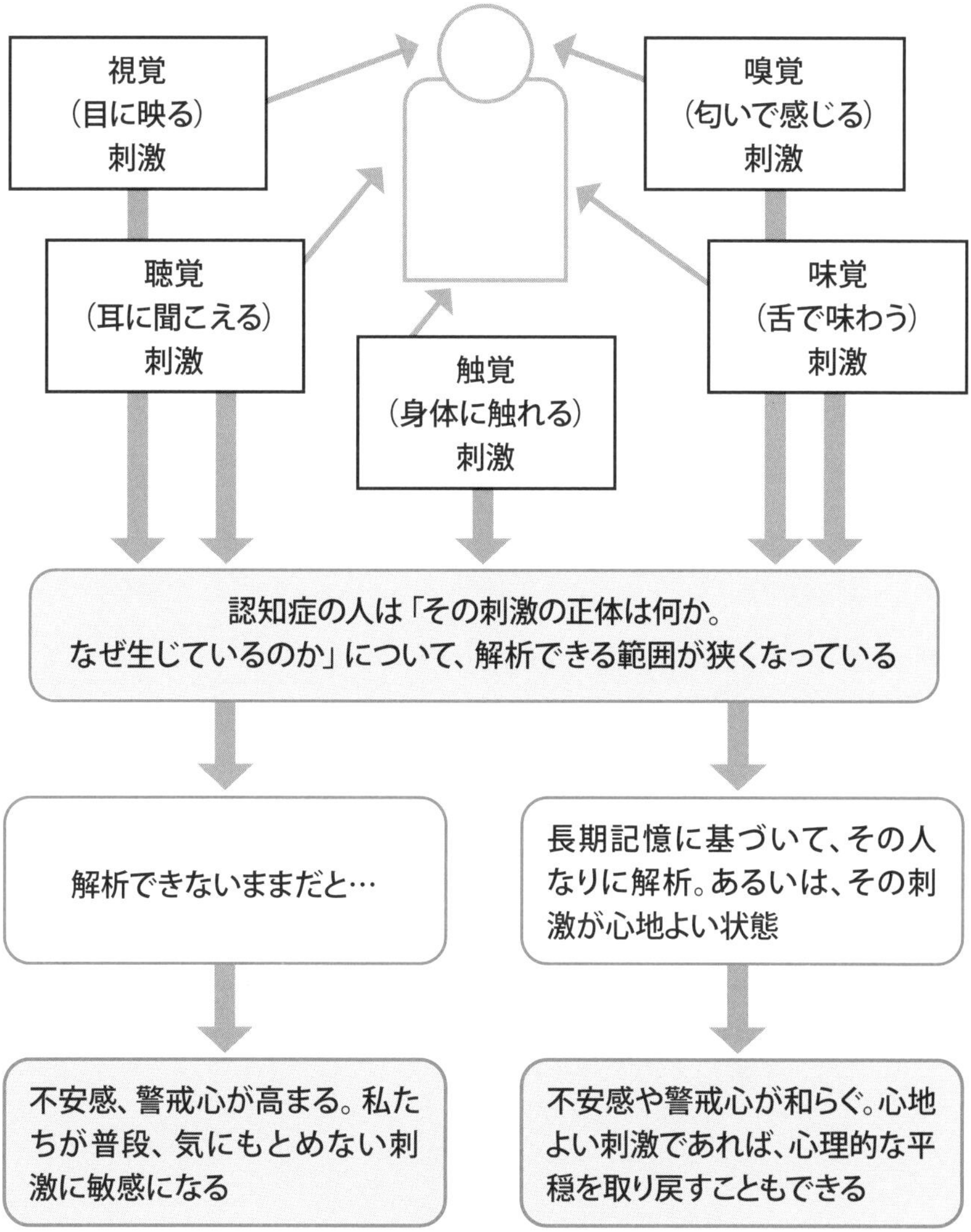

4 何が、その人の知覚に影響を与えているか②

◎周囲の環境だけなく、その人の体調にも気を配る

私たちが不快感や警戒感を持つのは、外からの刺激だけではありません。たとえば、頭痛や腹痛に襲われれば、不快感とともに「どこか悪いのではないだろうか」という不安や警戒を抱くものです。人によっては、不快感からイライラしたり、身体のだるさや「病気かもしれない」という不安から物事への意欲が低下することもあります。

認知症の人も同様です。ただし、「自分の身体の違和感」に対する認識が衰えていると、その違和感がどこからくるのかを十分に察知できないことがあります。

そのため、イライラ感や落ち着かなさ、落ち込みなどが著しく表出されたりします。

前章でも述べましたが、その人の日々の体調がＢＰＳＤに直結するわけです。逆に言えば、体調管理をしっかり行なうことが、ＢＰＳＤの改善にもつながることになります。

こうした状況を頭に入れたとき、特に注意したいのが持病にかかる服薬管理です。

認知症の人の場合、つい薬を飲み忘れたり、逆に飲み過ぎてしまうなどということがあります。これが体調への違和感を増幅し、ＢＰＳＤ悪化の一要因となるわけです。

認知症ケアに際しては、主治医やかかりつけの薬剤師などとしっかり連携し、持病の悪化を防いだり適切な服薬管理を進めていくことが欠かせません。

本人の身体状況によっても、BPSD悪化リスクは高まる

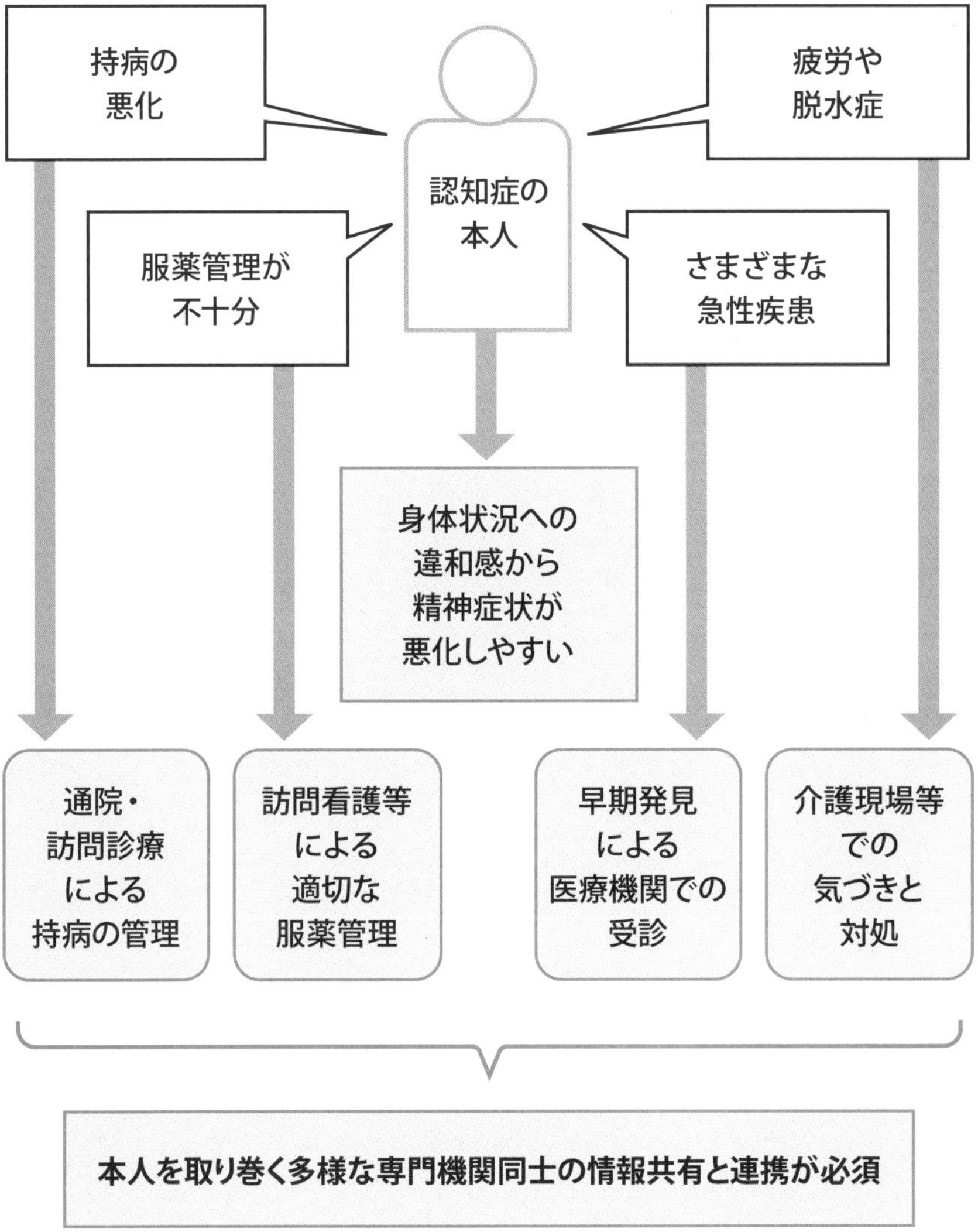
認知症の本人
持病の悪化
疲労や脱水症
服薬管理が不十分
さまざまな急性疾患
身体状況への違和感から精神症状が悪化しやすい
通院・訪問診療による持病の管理
訪問看護等による適切な服薬管理
早期発見による医療機関での受診
介護現場等での気づきと対処
本人を取り巻く多様な専門機関同士の情報共有と連携が必須

5 何が、その人の知覚に影響を与えているか③

◎その人の人生で培われてきた習慣や価値観にも注目したい

アルツハイマー型などの認知症では、短期記憶は衰えていても、長期記憶（かなり昔の記憶）は後々まで残っている――と述べました。これは、新たな情報を記憶するという機能の方が、残っている記憶を再生するという機能よりも先に衰える傾向が高いことによるものです。

長期記憶が残っていれば、それが手掛かりとなって「周囲の現実」と折り合いをつけることも可能です。ただし、「昔の記憶」なので、現在その人が置かれている状況と「ズレ」が生じてくることもあります。そのズレが、折り合いのつけづらさを生むこともあるわけです。

たとえば、「自分が仕事をしていた」頃の長期記憶が残っている人がいたとします。当然、日中は「仕事に出かけなければ」と考えることもあるでしょう。

それで「出ていこう」とすれば、周囲の人が本人の「長期記憶に依った行動」に理解が乏しいと、「危険な行動」と映ってしまうわけです。それによって引き留められたりすれば、それは本人にとって不本意なことであるゆえに、抵抗するなどの行動につながります。

ここで重要なのは、本人が「何をすべき」と考えているかという心の中の世界観に思いを寄せることです。これが十分にできていないと、本人にとっての脅威となるわけです。

認知症ケアでは、「自分たちの無理解が与える悪影響」にも十分注意するべきです。

その人にとっての「果たすべき役割」への無理解がおよぼすリスク

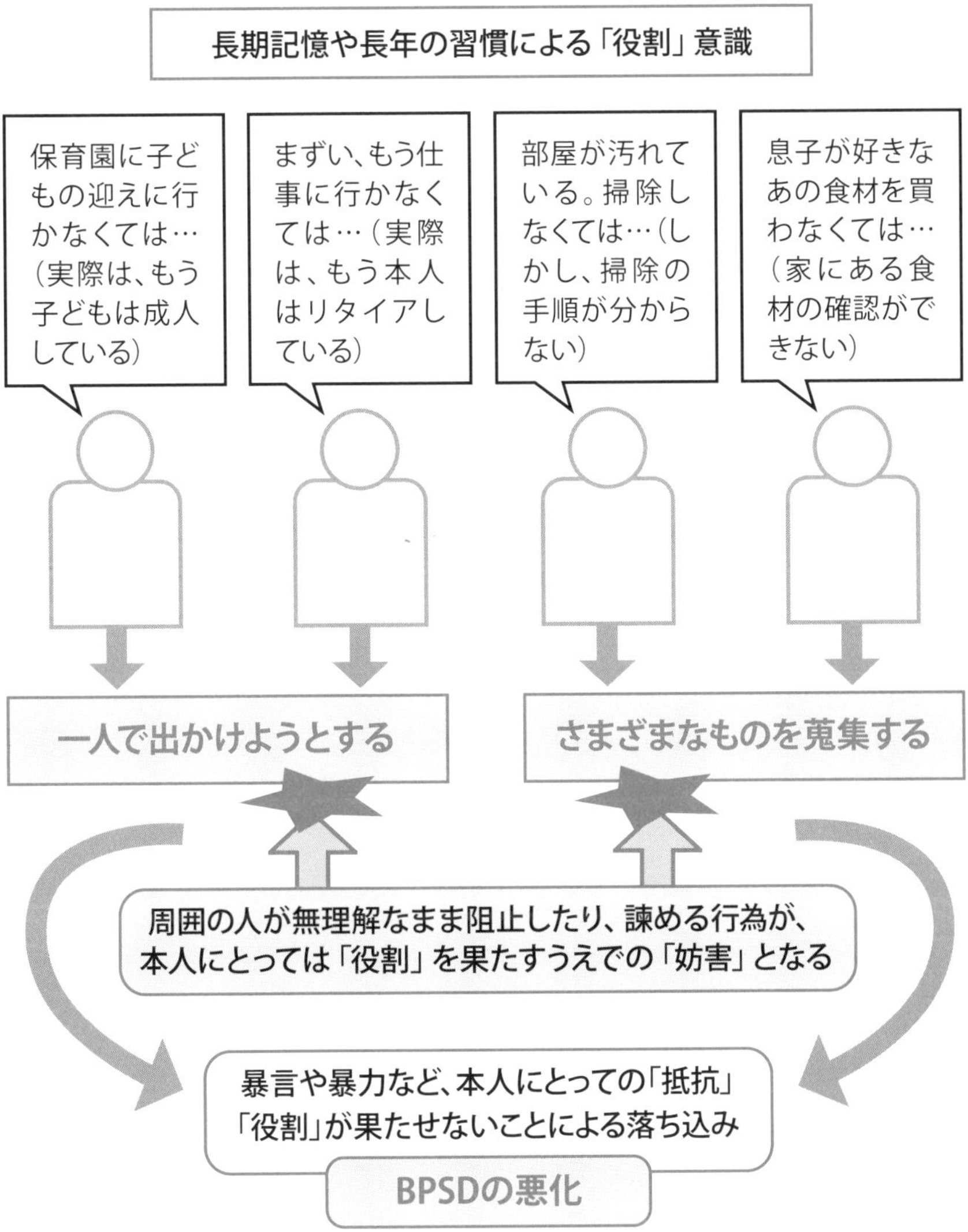
長期記憶や長年の習慣による「役割」意識
保育園に子どもの迎えに行かなくては…（実際は、もう子どもは成人している）
まずい、もう仕事に行かなくては…（実際は、もう本人はリタイアしている）
部屋が汚れている。掃除しなくては…（しかし、掃除の手順が分からない）
息子が好きなあの食材を買わなくては…（家にある食材の確認ができない）
一人で出かけようとする
さまざまなものを蒐集する
周囲の人が無理解なまま阻止したり、諫める行為が、本人にとっては「役割」を果たすうえでの「妨害」となる
暴言や暴力など、本人にとっての「抵抗」
「役割」が果たせないことによる落ち込み
BPSDの悪化

6 認知症の人の「心の平穏」を取り戻すには①

◎環境整備・体調管理に加えて必要なことが何か？

認知症の人の「知覚」に与える影響について、ここまで「五感への刺激」「体調」「周囲の理解」という3つの要素を述べました。「五感への刺激」にかかる環境整備、および「体調」にかかる持病等の管理について、具体的な取組み例は3章で取り上げることにします。

ここでは、3つめの「周囲の理解」に関連して、本人の「心の平穏」をどのように取り戻すかという考え方にスポットを当ててみましょう。

認知症の人が不安や混乱に陥るのは、周囲の状況との折り合いがつかないことが大きな要因です。このことは、認知症のある・なしにかかわらず全ての人に共通することだという認識が必要です。

自分が、知らない人々の集団の中に置かれたと考えてください。当然、どぎまぎしますね。しかし、なぜ自分がそこにいるのか、そこで自分は何をするべきなのかが明確になっていれば、不安や混乱はすぐに解消されるはずです。

仮に、「自分の置かれている立場」が不明瞭であっても、近くの人が自分に関心を寄せ、誠実さを持って接してくれれば、それが安心感を取り戻すきっかけになります。

認知症の人も同様です。自分が置かれている立場や役割となるヒント、そして、自分に関心を寄せ、誠実に向き合ってくれる人がいるかどうかが、平穏へとつながるカギとなります。

人にとっての「心の平穏」はどうすれば得られるのか？

そこにいる自分の
「意味」「役割」が得られること

そこにいる人との
「関係性」が築けること

認知症のAさん

【生活歴・習慣】
若い頃、農作業に従事。余った野菜は、近所の人におすそ分けすることも習慣だった

認知症のBさん

【生活歴・習慣】
ピアノの演奏が趣味。老人ホームの慰問で演奏して、利用者に喜ばれるのが生きがい

その人の人生を知ることによって…

グループホーム内の菜園などで、野菜作りをお願いして、できた野菜を職員と一緒に近所に配って歩く

本人はデイサービスを利用…だが、他の利用者のためにピアノ演奏をお願い。弾き手と聴衆の関係ができる

認知機能の衰えによって「できなくなる」部分もあるが、その部分をピンポイントで周囲がサポートし、本人の主体的な「役割の達成」「関係性の構築」が完成されることを目指す

7 認知症の人の「心の平穏」を取り戻すには②

◎本人の「生活行為のしづらさ」を取り除くことも重要に

認知症の人は、周囲の状況との「折り合い」をつけにくくなっています。

それは、人間関係だけでなく、さまざま生活行為に必要な段取りについても同様です。たとえば「トイレに行きたい」と思っても、「どこにあるのかが分からない」、「どれがトイレなのかが判別できない」。あるいは、「どう使っていいのか（トビラをどう開けるのか、そこでどのように用を足すのかなど）が分からない」ということもあるでしょう。

長期記憶などが残っていれば、それを手がかりにすることもあるでしょう。しかし、「昔のトイレの場所や様式」と今のそれが大きく異なれば、やはり混乱してしまうはずです。

これらが生活行為を行なううえでの「バリア（障壁）」とすれば、認知症の人が何かをしようとするたびにバリアに突き当たることになります。

先に、「五感に与える刺激」という観点での環境整備について述べましたが、こうした認知症の人にとってのバリアを取り除いていくことも大切な環境整備です。

現在、国は認知症の人の「生活行為にかかるバリア」を取り除くべく、業界ごとの環境整備や接遇にかかるマニュアルなどを作成しています。認知症ケアにかかわる人も、本人が何をバリアと感じているかを察知し、現場の工夫で環境改善に取組むことが欠かせません。

本人の主体的な行動を遮る「バリア」を取り除く

認知症のAさん：トイレに行きたいな

認知症のBさん：買い物に行かなければ

↓

しかし、その行為の達成の前には、さまざまな「バリア」がある

↓

Aさん

- トイレの場所が分からない
- ドアの開け方が分からない
- 便器の使い方が分からない
- 用の足し方が分からない

- 長期記憶等で認識できる「トイレ」の表示、場所を示す矢印
- ドアの開け方も「回す」「引く」などの矢印表示で認識しやすい工夫を
- 便器に使い方をイラスト表示。用の足し方の手順もイラストに

Bさん

- 商店の場所が分からない
- 持っていくものが分からない
- 目当ての商品の場所が不明
- お金の計算が困難

- 「スーパー」より「野菜、魚、総菜販売」の方が分かることも
- 買い物用の袋、財布などをセットにして「買い物袋」などの表示
- 開くと、店員側から小銭などが見える財布も。サポートしやすい

↓

もちろん、中核症状の進み具合によって、付き添い等のサポートも必要になるが、できるだけ「自分の力で達成できた」という実感が損なわれないことが大切。これが本人の尊厳を保持することに。

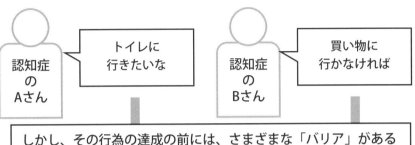

8 認知症の人の「家族」を支援する意味

◎家族へのサポートは、イコール「本人のケア」につながる

認知症の人への初期対応では、家族支援も大きなポイントとなります。

もちろん、家族が「介護倒れ」にならないようすることが第一の目的です。家族は本人にもっとも近しい存在であるゆえに、最初から「頑張り」すぎてしまいがちだからです。

しかし、それだけではありません。

家族にとって、本人と築いてきた時間は、そのまま「家族の人生」の一部をなしています。それゆえに、本人が認知症になって、目の前の人を家族と認識できなかったり、それまでと同様のコミュニケーションが成り立たなくなることがあります。

家族にしてみれば、「人生の一部」となっている本人との関係性が崩れるわけです。

これは、無意識のうちに大きなストレスとなります。理性では認知症のことを分かっていたとしても、この無意識のストレスが感情を刺激しやすくなります。

結果として、自然と本人への言動がきつくなったり、本人の尊厳を否定するような態度に出てしまいがちです。これが、本人へのマイナスの刺激となり、ＢＰＳＤを悪化させ、家族のストレスをさらに高めるという悪循環が生じやすくなります。この点を考えたとき、家族支援は、そのまま「本人のケア」にもつながるという視点も欠かすことはできません。

認知症の人の家族には、どのようなサポートが必要か？

認知症の人の家族が陥りやすい状況

認知症の人の家族

自分を赤の他人だと思っている。ショックだし受け入れられない

自分が何もかもやってあげなくては、本人はまともな生活などできない

繰り返し（「ご飯はまだ？」などの）同じ要求をされる。説得するのに疲れた

↓

多大な疲労とストレスから、本人への口調・態度がきつくなる
それが本人の不安や警戒心をあおり、BPSDを悪化させる

↓

そこで必要となる家族へのサポートとは…

- 家族のつらさや悲しみを共有しつつ、「認知症」についての正しい情報提供を行なう
- 本人への対処の仕方をアドバイスしつつ、定期的に本人と距離を置ける時間を設ける
- 時々、介護サービスの現場を見てもらい、本人が自分で「できている」行為を実感させる

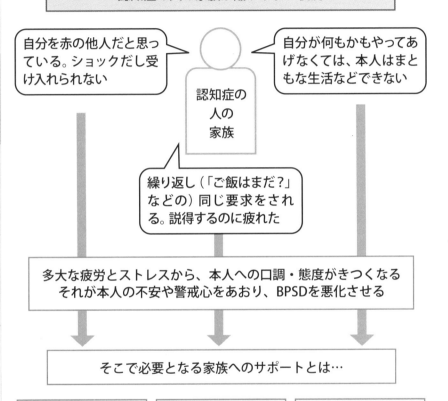

9 認知症の人の「権利擁護」を進めることの意味

◎「本人がなしうること」を尊重するという点で、ケアにもつながる

認知症の人は、記憶力や判断力の低下などから、財産管理がうまくできなかったり、消費被害に遭いやすくなっています。そうした状況から本人の権利を擁護するために、さまざまな制度が設けられています。成年後見制度なども、その一つでしょう。

成年後見制度の大きなポイントは、本人の判断能力等の度合いに応じて、「本人に代わって権利を行使する」うえでの範囲が定められていることです。

また、認知症になる前に、本人の意思で財産管理等の範囲を設定するしくみ（任意後見や家族信託など）もあります。この場合、「本人がなしうること」の自由度はさらに高くなります。

ここで大切なことは、本人の自由意志が一定程度、尊重されているという点です。

人間には、「できる限り、自分の力で物事を成し遂げたい」という意識があります。それが本人の自尊心を支え、生活意欲の源になっているわけです。

これは認知症の人でも同様です。本人のために権利擁護を進める場合でも、本人による権利行使の機会を何もかも奪ってしまうことは、その人の尊厳を損なうことになります。つまり、「尊厳が損なわれること」への抵抗やあきらめがＢＰＳＤの悪化にもつながるわけです。

その点を考えた場合、尊厳に配慮した権利擁護は重要な認知症ケアの一つと言えます。

認知症の人の「権利擁護」で重要なことは?

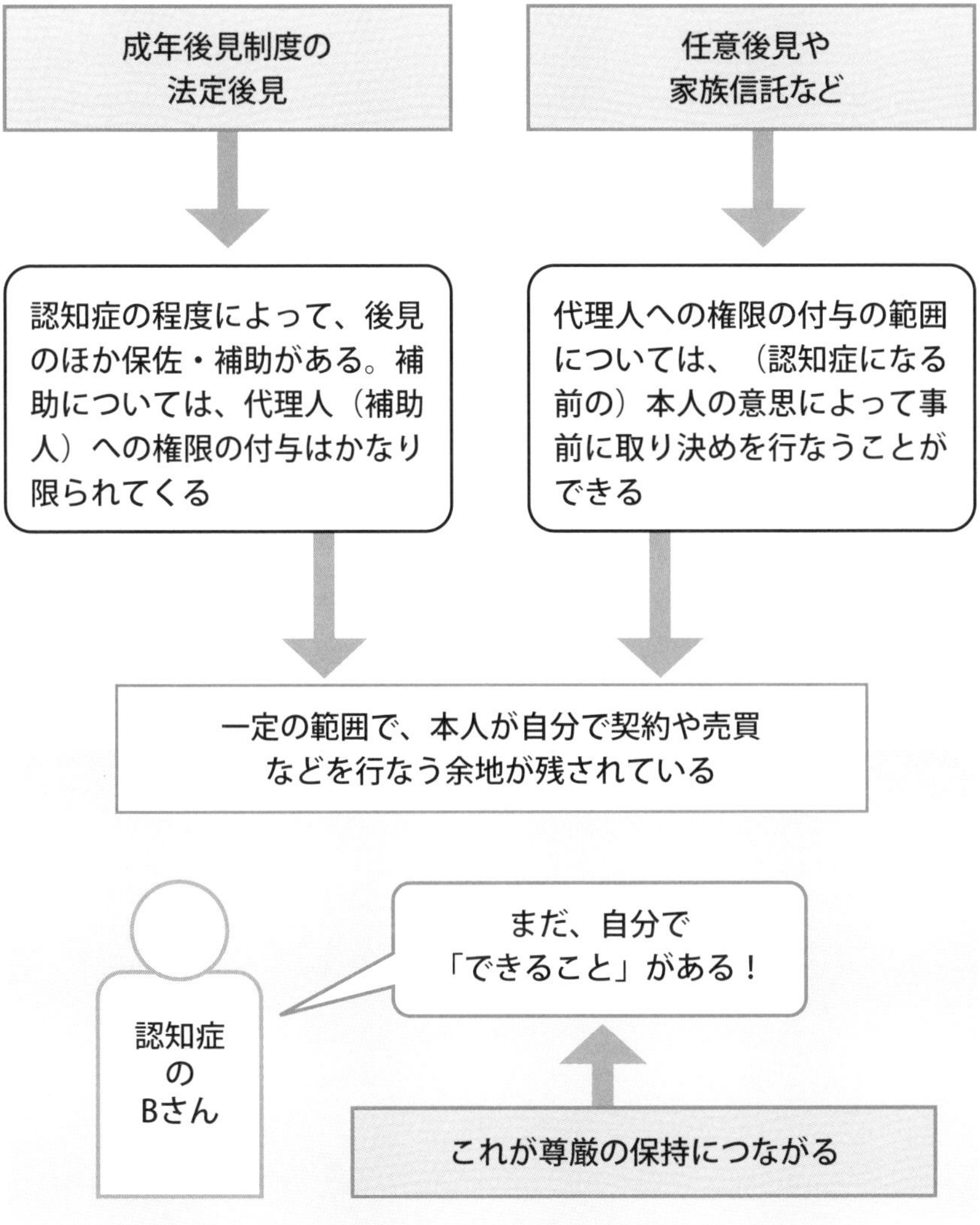
成年後見制度の
法定後見
任意後見や
家族信託など
認知症の程度によって、後見のほか保佐・補助がある。補助については、代理人（補助人）への権限の付与はかなり限られてくる
代理人への権限の付与の範囲については、（認知症になる前の）本人の意思によって事前に取り決めを行なうことができる
一定の範囲で、本人が自分で契約や売買などを行なう余地が残されている
認知症
の
Bさん
まだ、自分で
「できること」がある！
これが尊厳の保持につながる

10 軽度認知障害（MCI）の人へのサポートの考え方

◎日常生活の中で、周囲ができる「予防」のあり方とは

軽度認知障害、つまり認知症と正常の間の人にはどのようなサポートが必要でしょうか。まず思い浮かぶのは、「認知症へと進行させない」ことでしょう。しかし、「進行させない」、つまり「予防」に向けて何が有効なのかについては、まだ十分に解明されてはいません。

とはいえ、脳を活動させる機会を増やすことは、脳内に蓄える情報を増やしたり、脳神経を活性化させることにつながります。仮に認知症になったとしても、これらの「蓄え」があることで、「できること」のすそ野を広げておける可能性は高まるわけです。

現在、脳トレなどのツールなどはたくさんあります。そうしたものを活用してもらうのは有効でしょうが、問題が一つあります。それは、本人の「意欲」です。

たとえば、「もの忘れが多くなってきたから」と脳トレなどを進めても、本人にとっては嫌な現実を突きつけられる苦しさがあり、意欲にはつながらないことが多々あります。

むしろ、本人の家庭・社会生活内での「役割」をきちんと評価し、自尊心を保ちながら精を出してもらうことが望まれます。生活内での細かい作業も、脳の活性化には大変有効です。

なお、脳血管性認知症などは、高血圧症などの生活習慣病と密接に関係していることは明らかです。その点で、日常の健康管理に気を配ることも重要になります。

軽度認知障害の人へのサポートはどうあるべきか

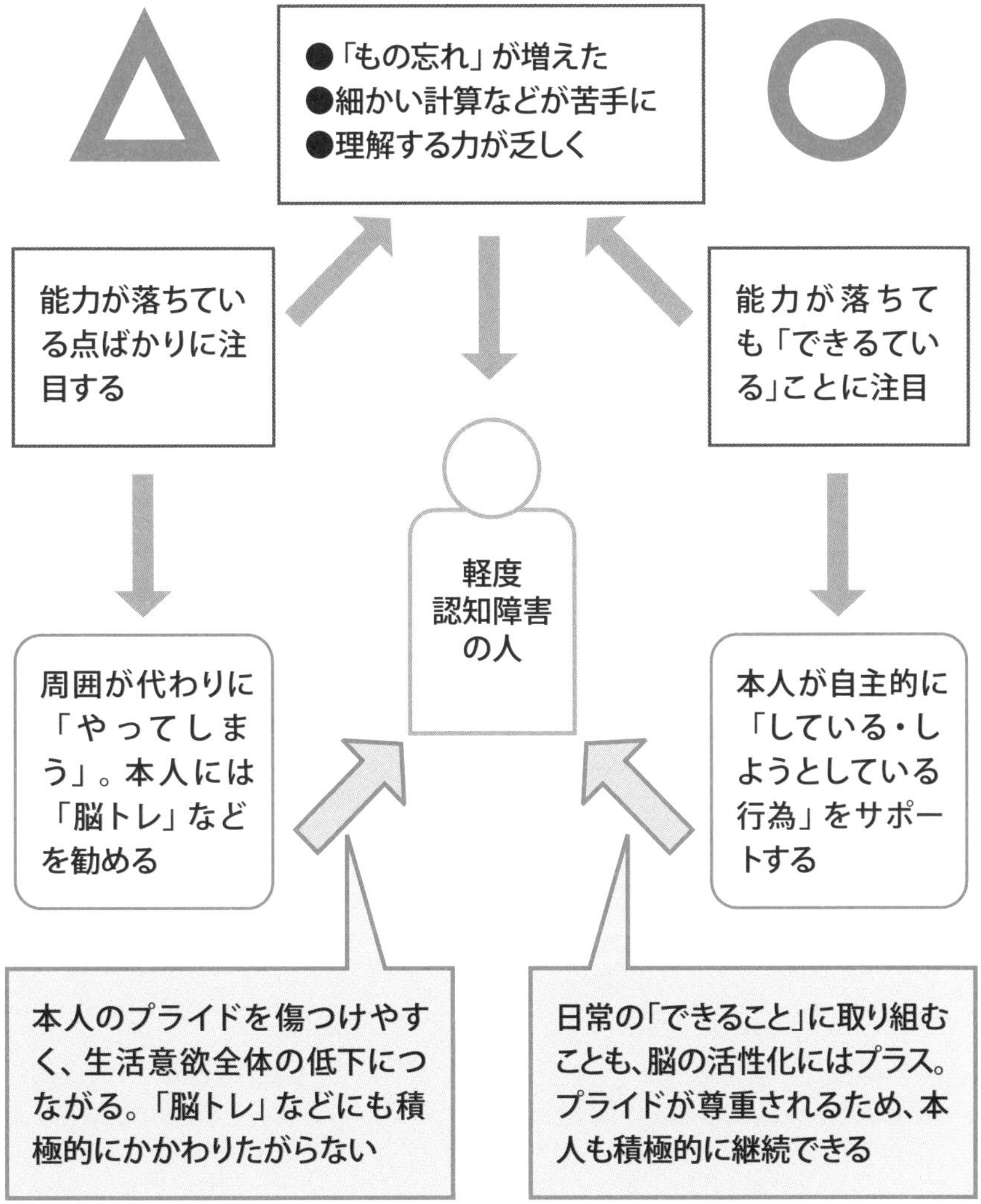
●「もの忘れ」が増えた
●細かい計算などが苦手に
●理解する力が乏しく
能力が落ちている点ばかりに注目する
能力が落ちても「できるている」ことに注目
軽度認知障害の人
周囲が代わりに「やってしまう」。本人には「脳トレ」などを勧める
本人が自主的に「している・しようとしている行為」をサポートする
本人のプライドを傷つけやすく、生活意欲全体の低下につながる。「脳トレ」などにも積極的にかかわりたがらない
日常の「できること」に取り組むことも、脳の活性化にはプラス。プライドが尊重されるため、本人も積極的に継続できる

認知症の人の「こんな状況」を理解する③　『不潔行為』

清潔を保つための「手段」への認識が衰えている

　認知症の人は、衛生観念に関する見当識が衰えていることがあります。たとえば、「風呂に入らない」、「着替えをしない」など、清潔を保つための行為をしなくなるケースも見られます。

「それでは、本人も気持ち悪いだろう」と思われるかもしれません。確かに「気持ち悪さ」は生じるわけですが、その解消の手段として「風呂に入る」という認識にはつながっていかないわけです。

　ですから、周囲が「風呂に入る」よう誘導しても、「何か怖いことをされるのでは」という疑心暗鬼があれば拒否につながります。

　ここでも、いかに本人を安心させるかがカギとなるわけです。

弄便なども、本人なりに処理したい意思の現れということも

　さて、本人にとっての「気持ち悪さ」が特に強く生じやすいのが「失禁」です。ここでも、どう処理すれば「気持ち悪さ」が解消されるのかという認識が衰えていれば、適切な対処が難しくなります。

　結果として、失禁した下着やおむつをそのまましまい込んでしまったり、失禁した便を手で取り除くなどの行為も見られます。「便」という認識がないと、壁にこすりつけたり、口にすることもあります。

　後者は「弄便」といって、認知症の人の「問題行動」の象徴のように取り上げられがちです。しかし、本人にしてみれば、自分なりの方法で処理しようとする行動の現れというケースもあります。

　もっとも、身近な家族にしてみれば強いストレスとなります。「いけない」と思いつつも、つい叱責してしまいがちです。

　支援者としては、排便・排尿のタイミングを推し量りつつ、トイレ誘導やおむつ交換につなげるなど、計画的なケアが必須となります。

第3章

認知症ケアの
質を高める４つの視点

1 【情報収集①】その人の持病・服薬を把握する

◎BPSDに影響を与える医療情報——この共有が意外に進まない

適切な認知症ケアを行なううえで、その人のことを知ることが欠かせません。つまり、その人についてのさまざまな情報を収集し、ケア計画に反映させていくことが必要になります。

介護現場で認知症ケアを行なう場合でも、認知症の本人に向き合う前に、その人の認知の状況、長期記憶に反映されやすい生活歴など、さまざまな情報を入手しているはずです。

そうした中で、意識して優先したいのは持病や服薬にかかる情報です。

意外に思う人が多いかもしれません。「その人と向き合い、尊厳の保持を心掛けるうえで、なぜ持病や服薬への理解が先に立つのか」と考える人もいるでしょう。

しかし、すでに述べたようにＢＰＳＤの悪化には、持病や服薬の状況も大きく影響しています。にもかかわらず、介護現場ではつい見落とされがちな要素の一つです。

だからこそ、「最初に意識して確認しておくこと」が重要になるわけです。

たとえば、かかりつけ医や担当ケアマネジャー、昨今ではかかりつけの薬剤師などと連携し、その人の持病（持病の再発ということも想定される中では、過去の病歴も）についての情報を正しく集めておくことが必要です。対医療職などとの連携というと「苦手意識」を持つ人も多いかもしれませんが、事前に情報共有のしくみを整えておきたいものです。

認知症の人にかかる事前情報——意識したいのは？

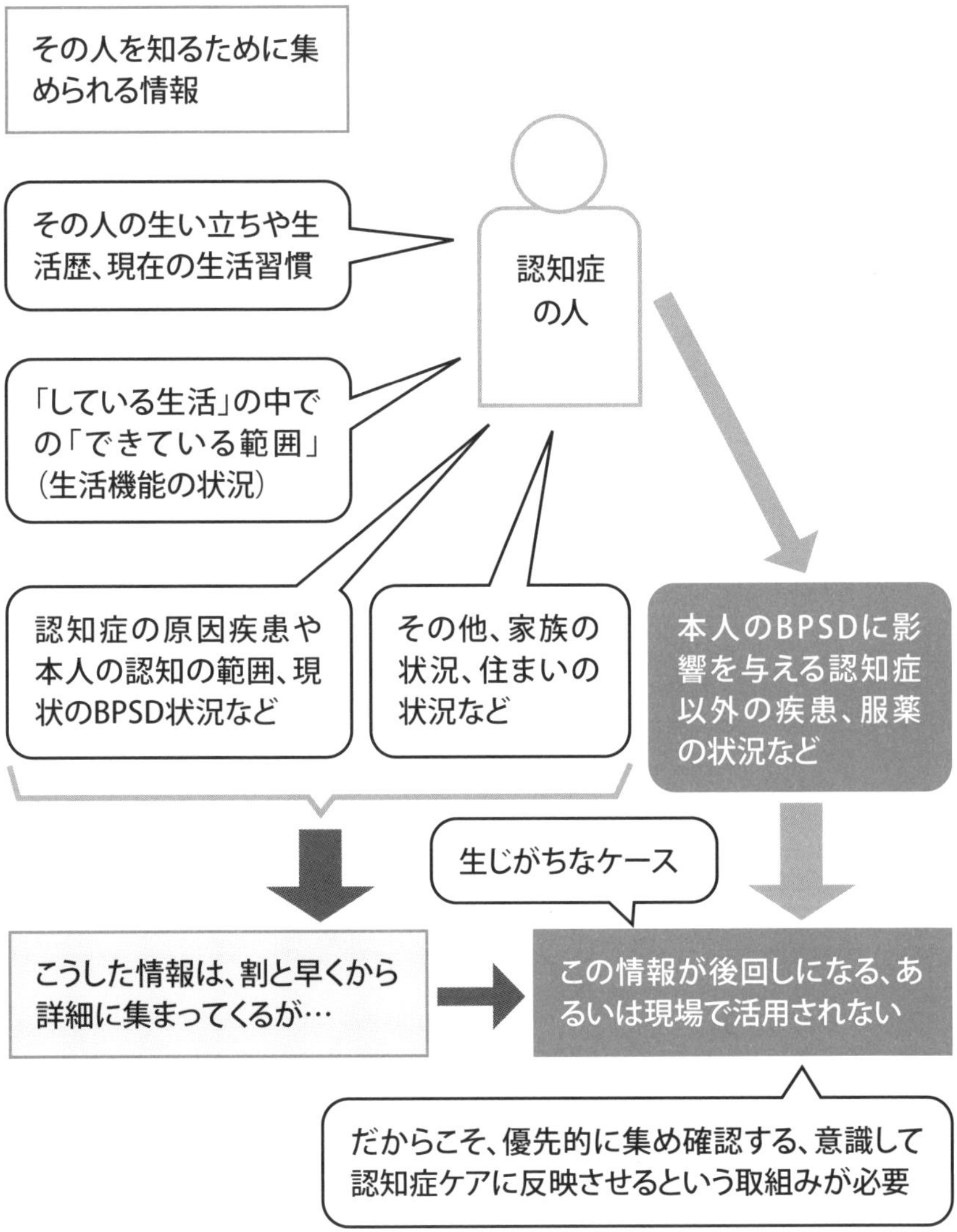
その人を知るために集められる情報
認知症の人
その人の生い立ちや生活歴、現在の生活習慣
「している生活」の中での「できている範囲」（生活機能の状況）
認知症の原因疾患や本人の認知の範囲、現状のBPSD状況など
その他、家族の状況、住まいの状況など
本人のBPSDに影響を与える認知症以外の疾患、服薬の状況など
生じがちなケース
こうした情報は、割と早くから詳細に集まってくるが…
この情報が後回しになる、あるいは現場で活用されない
だからこそ、優先的に集め確認する、意識して認知症ケアに反映させるという取組みが必要

2

【情報収集②】その人の認知の状況はどうなっている？

◎認知症の原因疾患だけでなく、今「認識できている範囲」を探る

認知症ケアにおいては、やはり原因となる疾患（アルツハイマー病や脳血管疾患など）を正しく知ることと、それによって生じる中核症状の把握が欠かせません。

現状における記憶の出し入れは、どこまで可能なのか。また、脳内の神経系統がおとろえることで、周囲の状況を認識できる範囲がどこまで狭まっているのか。

これらを把握することで、その人の注意をうながすための声かけや動作はどうすればいいのか、相手と向き合う際の位置関係などはどうあるべきかが変わってくるわけです。

これらも、（専門医や担当ケアマネジャー、そして家族などからの）事前情報が欠かせません。ただし、認知症の多くは進行していくので、情報を受け取った時点と今の状況が変わっていることもあります。となれば、本人と向き合った際に、立ち位置を少しずつ変えたり、会話を通じて「今の状況」を探っていくことも必要になるでしょう。

また、中核症状の種類によって、その後に生じるリスクも想定しておく必要があります。

たとえば、レビー小体型認知症の場合、手足が震えたり、筋肉が固くなる、あるいは歩幅が小刻みになって転びやすくなるなど、パーキンソン病のような症状が現れます。

この点を頭に入れたとき、転倒リスク等の増大にも注意を払うことが必要になるわけです。

その人の現在の認知状況について探る

1 多職種などから事前情報を得る

認知症の専門医
↓
●認知症の原因疾患と症状の特徴
●進行する中での予後予測の情報
↓
例. レビー小体型→手足が震えたり、筋肉が固くなる、歩幅が小刻みになって転びやすくなるなど　脳血管性→脳の損傷部位によっては、感情の起伏が激しくなったり性格が変わってくることが

担当ケアマネや他の介護職
↓
●「生活のしづらさ」が出現する状況
●ケアを通じて把握できた認識の範囲

家族など
↓
●家族などの身近な人、住み慣れた家屋環境などをどこまで認識できているか

2 得られた情報をもとに「今の状況」を確認

本人との向き合い方 → どのような位置だと、こちらを認識しやすくなるか。立ち位置などを少しずつ変えて確認

空間内での本人の反応 → たとえば、家の内外を一緒に歩いてみて、恐怖感を感じたりするシーンはないか

コミュニケーションの状況 → 会話のスピードや文節の区切り方などに気を配りつつ、相手が反応しやすい方法を探る

3 【情報収集③】その人の「してきた・している生活」は？

◎「心の落ち着き所」というBPSD改善のヒントを探るために

認知症で「周囲とのかかわり」を築くことが難しくなっている人にとって、その場での「自分の役割」や「人間関係の中での位置づけ」が明確であることが大きな安心につながります。

この安心できる状況を創り出すことも、認知症ケアにおける大切なミッションです。

これを実践するには、その人が「どのような人生を築いてきたか」を知ることが欠かせません。それが現れているのが、その人の「してきた」あるいは「している」生活です。

注意したいのは、人の生活というのは多様な面があることです。その人をめぐる一面的な情報だけで、その人のことを「知ったつもり」になると誤解や先入観が生じかねません。

この誤解や先入観に縛られると、かえって本人の混乱や警戒心を助長する危険もあります。

たとえば、「本人のことは家族が一番よく知っている」と思いがちですが、家族の知っていることも実は一面的であったりします。本人の子どもたちは、自分たちが生まれる前のことは伝聞でしか知り得ません。配偶者も、本人と知り合う前のことは同様でしょう。

となれば、事前の情報収集は行ないつつも、大切なのは「本人の話」を聞くことです。

長期記憶からくる昔の話をきちんと聞くことで、もしかしたら事前情報と食い違うこともあるかもしれません。こうして情報を補完し、少しずつ本人に近づいていくことが重要です。

好評「医療・介護・看護書」シリーズ

猛スピードで変わる現場・仕事・制度を詳しく解説！

☆最新刊〈好評発売中〉

【最新'20-'21年版】

ひとりで勉強できる医療事務・練習ノート

水口錠二 著／A5判／224頁／本体価格1500円＋税

ISBN978-4-8272-1224-2

▼医療事務の仕事の基本が「独学」でわかる本。医療・福祉系の事務の仕事をめざす学生のサブテキストとしても最適。医療・福祉系の事務えば「一生使える専門知識」を誰でもわかる初心者レベルからやさしく解説。2年に1回変わる診療報酬の仕組みから始まり、診療報酬点数表の基本と診療報酬請求のしくみ・診療報酬明細書（レセプト）の書き方までがわかる1冊。

【最新'20-'21年版】

ひとりで勉強できる調剤報酬請求事務・練習ノート

水口錠二 著／A5判／224頁／本体価格1500円＋税

ISBN978-4-8272-1228-0

▼2020年4月の診療報酬・薬価改定に合わせた最新版の一人で勉強できる教科書。ドラッグストアの調剤部門や薬局経営になくてはならない調剤請求事務（レセプト）の進め方を基本から解説した入門書。本当に必要な実務のキーワードを解説するとともに、実際の仕事の流れなども解説。現場で働く人にすぐに役立つ実用的な情報を盛り込み、2色でよりわかりやすく入門者向けに解説しました。

※価格表示は、全て本体価格表示です。

2020年 5月20日

ぱる出版
東京都新宿区若葉1-9-16 〒160-0011
TEL.03（3353）2835 FAX.03（3353）2826
http://www.pal-pub.jp/

大好評　医療・介護シリーズ

クリニックの「継承開業」成功マニュアル

▼クリニックをできるだけ安く買いたい医師と、経営しているクリニックを売りたい医師のためのM&Aの教科書。クリニックを売るときのポイント、手続き、より高く売るための勘所を指南。また、〈経営改善のコツ〉も公開。

水口錠二　著／Ａ５判／本体価格３０００円＋税／ISBN 978-4-8272-1189-4

介護リーダーのリスクマネジメント入門

▼災害・介護事故・感染症、家族や利用者とのトラブル、職員のパワハラ・セクハラなど、現場は常に見えないリスクが至るところに潜んでいる。利用者の生命を守るための災害時の行動の仕方、施設内や職員の感染症を予防する対策などをゼロから見直し、「本当に必要で、実行可能な危機管理の基本」を詳しく解説した、介護現場のリーダーに必須の知識と行動ルールをまとめた必携の1冊。

葛田一雄　著／Ａ５判／本体価格２５００円＋税／ISBN 978-4-8272-1235-8

世界一やさしい「介護事務」の仕事入門

▼実務として最低限知っておきたい、介護保険のしくみから、介護報酬の請求事務の基礎知識をやさしく解説。また、介護事務といっても、大手の介護施設と中小規模の施設では、仕事の範囲も異なってくるため、介護の仕事全般も詳しく解説。介護事務の仕事からはじめて、どうキャリアアップしていったらいいかということも医療・介護の事務のプロフェッショナルの著者が詳しく解説した1冊。

水口錠二　著／Ａ５判／本体価格１５００円＋税／ISBN 978-4-8272-1178-8

世界一やさしい「医療事務」の超入門講座

▼誰でもできる医療事務の仕事だが、制度はめまぐるしく変わり、医療事務も日々進化している。新しい約束事や、実務で必要な最低限のルールは覚えておかなくてはならない。本書は、そもそも医療事務はどんな仕事なのか、どんな知識や資格が必要なのか、給与はどのくらいか、働き方の形態とはなにかなど解説。また仕事場となる「病院・クリニック」のしくみについても詳しく解説します。

水口錠二　著／Ａ５判／本体価格１５００円＋税／ISBN 978-4-8272-1143-6

ケアマネ&介護リーダーのための「多職種連携」がうまくいくルールとマナー

▼地域包括ケア時代には介護職が果たす役割に期待が集まっている。そうした中、内輪で足りていたコミュニケーションのスキルや作法では通用しない時代に。そこで他の介護・医療の専門職とのスムーズな多職種連携のために介護リーダー必須の身に付け方&教え方をやさしく解説！

田中元　著／A5判／本体価格1500円＋税／ISBN978-4-8272-1184-9

認知症ケアができる介護スタッフを育てるOJTマニュアル

▼人手不足が蔓延する、介護現場の管理者に求められるのは、1日も早く「認知症ケアを任せられる一人前のスタッフ」を育てること。本書は新人介護リーダー向けに編まれた、認知症ケアができる介護スタッフの育て方のノウハウをまとめたもの。現場を任せられるスタッフの育て方など管理者向け教え方マニュアルの1冊として活用してほしい1冊。

葛田一雄　著／A5判／本体価格2000円＋税／ISBN978-4-8272-1201-3

あなたが始める、はじめての在宅看取り。

▼脱病院から在宅医療へ、が国策の流れ。そうした流れの中、今までの当たり前だった病院での最期から、自宅で最期を迎えたいという人も増えつつある。そこで求められるのが「在宅」看取りのスキルとマナーだ。また看取りのあとの家族のグリーフケア、家族の相談事に対応できる知識などについても丁寧に解説した、地域包括ケア・在宅医療時代の医療従事者のための看取り入門！

諏訪免典子　著／A5判／本体価格2000円＋税／ISBN978-4-8272-1202-0

「人が辞めない」介護現場のしくみの作り方

▼介護リーダーのマネジメント能力次第で、「人が辞めない職場は作れる」。必要なのは、リーダーがもっと介護現場で働くスタッフの個々の能力・スキルを正確に把握すること。その上で、「マネジメントのしくみ」をきっちり作ること。こうしたしくみ作りの土台となるリーダーのコミュニケーション術や、技術偏重の介護教育の修正法、スタッフの業務軽減のためのICTの活用法など、即効性のある具体的な改善法を提案した1冊。

中尾浩康　著／A5判／本体価格2500円＋税／ISBN978-4-8272-1217-4

本当に大切な情報は「本人」から聞き出す

1．本人が認識できる位置で向かい合う
→ 「私はあなたと話がしたい」という意図がわかるように視線を合わせる。相手に警戒感を与えないように。こちらの表情の硬さは相手にも伝わるので注意。相手の表情がやわらいだら静かに手をさするなどのボディタッチも

2．相手から問いに対して、まず真摯に応える
→ 本人は「この人は誰か」を、認識の範囲内で理解しようとする。長期記憶などにもとづいた「問い」（「あの家の〇〇さん？」など）に対し、強く否定せず「〇〇さんと仲がおよろしいのですね」など長期記憶を後押しする

3．「問い」をきっかけに会話を広げていく
→ 「あなたにお茶を入れましょうか」などと問われた場合、「ありがとうございます。〇〇さんもお茶がお好きですか。一緒に飲みましょう」という具合に、一つの問いから相手の言動に寄り添いつつ回想を広げていく

↓

一緒に何かをすることを通じて、「今、している・できていること」や「しようとしていること」がさらに浮かんでくる

4 【情報分析①】その人の「困りごと」はどこにある？

◎情報を3D的に立体的に組み立てながら、その人の真の課題を探っていく

「事前に得られた情報」＋「その人と向き合って補完された情報」をもとに、その人が今何に困っているのかを探っていきます。これが次のステップです。

認知症の人は、周囲との折り合いがつかず、さまざまなことに「困り」がちです。では、具体的に「何に困っているのか」は、その人が置かれている世界を理解しなければなりません。

そこで必要になるのが、それまでに得られた情報を分析することです。

たとえば、本人の中核症状を把握することで、その人が「認知できる範囲」を理解します。記憶や見当識の範囲がどこまで狭くなっているかによって、日常的な生活行為の中で「どんな点に困るだろうか」という予測をつけることができます。

次に、その人の「してきた生活」の状況を明らかにします。これにより、「この行為（料理を作る、仕事をする、身の回りを整理するなど）をすることで、周囲と折り合いをつけることができる」という点に思い寄せることができます。

しかし、その行為を自分なりに完成させるうえで、先の「認知の範囲」が壁となっているかもしれません。となれば、その人の主体性を尊重しつつ、どの部分をピンポイントでサポートしていけばいいかが明らかになります。このように、情報を3D的に組み立てていくわけです。

情報を分析しながら、その人の「困りごと」を探る

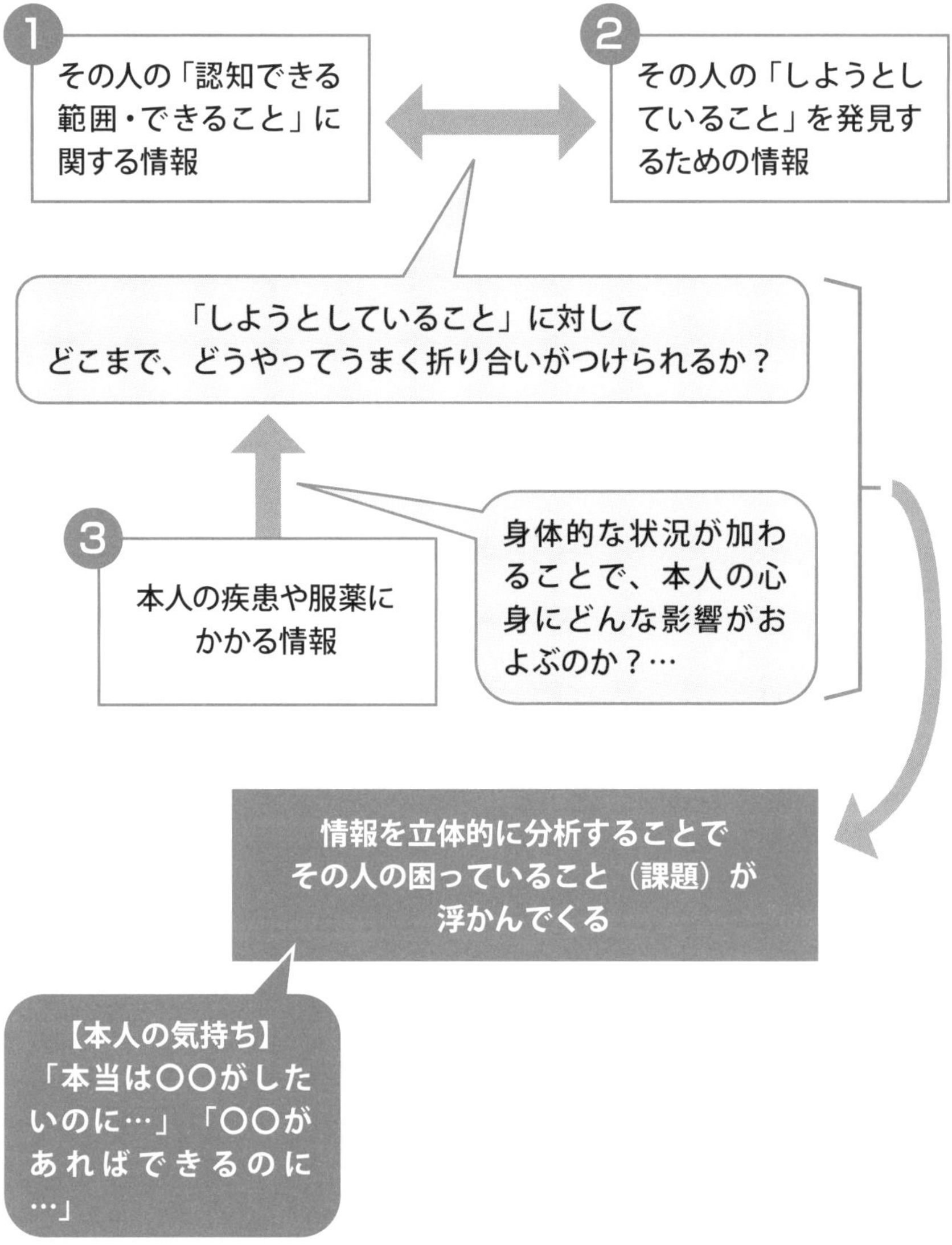
1
その人の「認知できる範囲・できること」に関する情報
2
その人の「しようとしていること」を発見するための情報
「しようとしていること」に対してどこまで、どうやってうまく折り合いがつけられるか？
3
本人の疾患や服薬にかかる情報
身体的な状況が加わることで、本人の心身にどんな影響がおよぶのか？…
情報を立体的に分析することでその人の困っていること（課題）が浮かんでくる
【本人の気持ち】
「本当は〇〇がしたいのに…」「〇〇があればできるのに…」

5 【情報分析②】その人の「心の落ち着き所」を探る

◎目指すべき「その人らしい姿」とは何か。その姿を描き出せるか

その人の真の「困りごと」を探り、その部分へのサポートを手がけていくとします。ただし、目指すべき目標がきちんと見すえられていないと、その場限りの対処で終わりかねません。

大切なのは、「困りごと」の解決によって、本来の「その人らしい姿」を取り戻すことができるのかどうかです。この場合の「その人らしい姿」とは、ＢＰＳＤが改善され、周囲とのかかわりを獲得しながら平穏な時間が過ごせているという状況を指します。

たとえば、本人が「じっとおとなしくしている」として、それが本当に「その人らしい姿」なのでしょうか。表向きの表情は穏やかでも、心の中では周囲とどうかかわればいいか分からず、焦りや混乱、動揺に包まれながら「おとなしく」しているのかもしれません。

これを推し量るには、その人が認知症になる前に、どのような姿を見せていたのかを知ることが必要です。周囲とのかかわりの中で、発していた言葉（例、必ず天候の話題から入るなど）や現わしていたしぐさ（例、軽く相手にボディタッチするなど）は、どのようであったのか。

あるいは、仕事や趣味に没頭している時は、どのような表情を見せていたのか。

家族などから話を聞くとともに、実際に本人と向き合い、ふとした瞬間に見えてくる姿もあるでしょう。こうしたシーンを組み立てつつ、その人らしい姿の実現を目標とするわけです。

「困りごと」が解決された先の「姿」を見すえたい

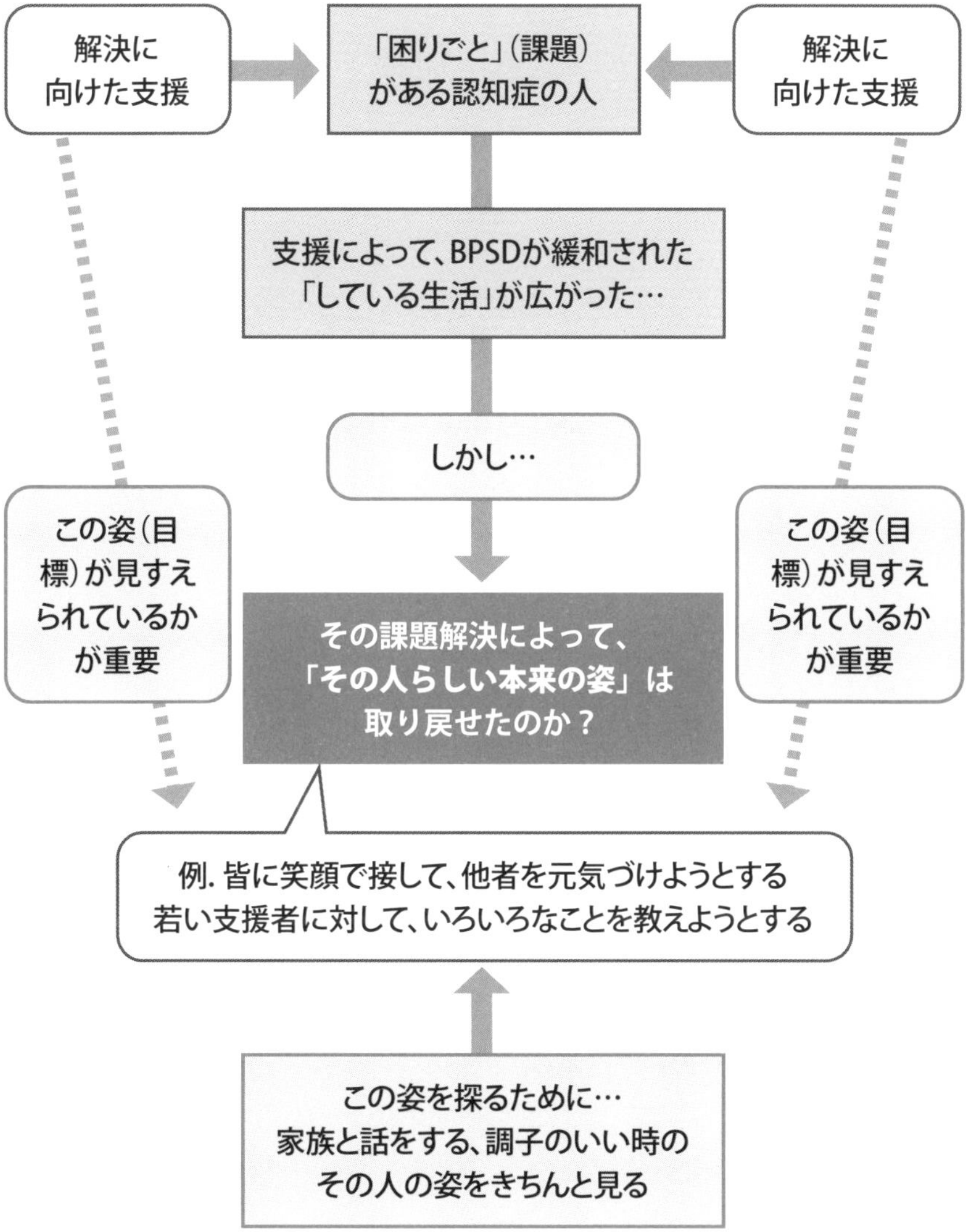

6 【体制の整備①】五感に与える環境を整える

◎BPSDに影響を与えるポイントを「プラス」に転化する

認知症の本人をめぐる情報収集・解析を行なったら、それを実際のケアに反映させていくことが必要です。しかし、その前に認知症ケアのための「体制」を整えなければなりません。

第一の着眼点は、本人が過ごす空間の環境です。

認知症の人の五感には、さまざまな環境が刺激を与えています。それが、その人のBPSDを悪化させることもあれば、逆に改善に結びつく「よい刺激」になることもあります。同じケアを進める場合でも、ベースとなる環境を整えることがその効果を左右することになります。

たとえば、視覚に影響を与えるという点では、照明や壁紙をどんな色にすれば心の状態を穏やかにするかを考えます。もちろん、本人に視覚障害がある場合には「壁の境が見えにくくなる」などの弊害も生じるので、多角的に検討することが必要です。

聴覚に影響を与える環境音なども重要です。たとえば、幹線道路近くで車の騒音などが大きいと、それが本人の心理に影響を与えることもあります。立地状況を変えるのが困難であれば、窓などの防音機能にも十分配慮しなければなりません。

その他、嗅覚に与える刺激を考慮した消臭、触覚に与える刺激を考慮しての室温や家具等の手触りなど、感覚を鋭敏にしながら環境アセスメントを行なうことが求められます。

本人の「過ごす」環境を、本人の身になってチェックする

●日差し
夕日などが強く差し込み過ぎないよう、すだれなどで適度な遮光を

●表の光景
植木に囲まれた縁台など、外気にふれる位置に「本人の隠れ家」的なスペースを

●材質
本人がよく手をふれる部分（家具等）の材質は、木材を中心に柔らかく温かさのあるものを

●騒音
幹線道路に近く、車の騒音などが大きい場合には、サッシ等の防音機能に特に気を配る

●匂い
異臭などが除去されているか。ほのかに自然の香りに近いアロマ等活用も

●照明
蛍光色よりも白熱灯系など温かさが感じられるほうが落ち着きやすい

●小物類
長期記憶にない、あまりに現代的なデザインは本人の警戒心を高める。異食リスクなどを考慮し、危険物はきちんと保管を

●壁紙
やはり落ち着いた色合いが良いが、本人の視覚・認知状況を考慮しつつ、空間の区切りがよく分かるように工夫する

7 【体制の整備②】日々の健康管理のしくみを整える

◎定期的な通院や医師・看護師の訪問による診療などを円滑に行なうために

すでに述べたように、認知症の人のＢＰＳＤに影響を与える要素として、持病の悪化や不十分な服薬管理などが挙げられます。これを改善するには、医療や看護とどのように連携していくかというしくみはもとより、日常的な健康管理への配慮も欠かせません。

たとえば前者で言えば、本人の定期的な通院を確保するための支援策（通院送迎など）を整えておくことです。新型コロナの感染拡大によって、受け入れる医療機関等から感染防止にかかるアドバイスなどがあれば、それを実践できる体制づくりも欠かせません。

後者で言えば、夏場の熱中症シーズンにおける定期的な水分補給、冬場の感染症シーズンにおける換気や室温の管理などのチェックリストの作成なども必要になるでしょう。

また、嚥下機能などが衰えている人にとっては、誤嚥性肺炎などのリスクも付きまといます。その点では、日常的な口腔ケアの体制もしっかりと見直しておきましょう。

服薬に関しては、多人数のケアを行なう場合に「薬の取り違え」のリスクも生じます。いわゆる誤薬事故ですが、最悪の場合、命の危険にもかかわりかねません。

日頃から、薬の仕分け等は複数人によるチェック体制を保持することが必要です。看護師や薬剤師等のアドバイスも得ながら、マニュアル作成を図っておきましょう。

本人の「日常的な体調管理」を適切に行なうために

STEP1

かかりつけ医や担当の訪問看護ステーションなどとの確かな連携を

→ 本人の体調について、日頃からどのような点に気を配るべきか、どのような状態が見られたら連絡すべきか——などについて、事前に医師・看護師から指示を受け、他の専門職も含めて共有。連絡手段なども統一を

↓ ICTなども活用し、確実に情報が共有できる手段を整えておく

STEP2

日頃の清潔保持のほか、口腔・栄養ケアについての計画・ルールを定める

→ 新型コロナ等の感染防止のための基本的な対応（手洗い・うがいなど）への誘導に力を注ぐ。口腔ケアや栄養ケアについて、歯科衛生士や栄養士の指導を受けつつ、個別の計画と円滑な実施のためのケアのルールを定める

↓ 本人の「していた」生活習慣などを参照しつつ、本人のやる気を促す

STEP 3

本人の服薬状況を確認しつつ、誤薬事故などを防ぐためのマニュアル作成

→ 本人の服薬状況については、かかりつけ医のほか、かかりつけの薬剤師などと情報を共有し、本人の生活の流れの中で自然に促せるようなしくみを作る。誤薬事故を防ぐために、服薬援助に際してのチェックのしくみを

↓ 複数人での薬の分類、本人の名前のほか顔写真での認証なども

8 【体制の整備③】「生活の流れ」を妨げるものを解消

◎本人が「思うようにいかない」という状況が、BPSD悪化につながる

認知症の人は、本人の認識できる範囲で「生活動作」を進めようとしています。

しかし、認識できる「範囲」は限られるため、それによって本人が「しようとしている生活動作」が妨げられがちです。こうした「妨げ」に突き当たると、本人としてはどうしていいか分からず、混乱したり危険な行為に及ぶこともあります。

たとえば、認知症の人が入居するホームなどでは、本人の安全を考えて入口ドアなどを施錠しているケースがあります。しかし、これがガラスの戸であったりすると、「ドア」という認識が衰えている場合、体当たりしてケガをするという恐れも生じます。

そこで、介護現場などでは本人の動線を予測したうえで、認知症の人の行動を妨げる「危険な箇所」がないかどうかをチェックすることが問われます。

中には「妨げ」の状況が見えにくいというものもあります。たとえば、身体が沈み込みやすいソファの場合、足腰や体幹筋などが衰えていると立ち上がりにくくなります。

本人にしてみれば、座った状態から「自由が利かなくなる」わけで、人によってはパニックに陥ることもあります。これは、安易な身体拘束がなぜ危険かという点にもつながります。

何気ない環境の中に、さまざまな危険が潜んでいるという感性を鍛えたいものです。

本人の動線上に生活の「妨げ」がないかをチェックする

本人の何気ない日常の中での「動線」を確認する

- 本人と「一緒にする」行為を増やす
- 本人の生活動作の様子をビデオ等で撮影
- 本人の動線を俯瞰図で表わしてみる

↓

本人の「動線」をなぞりつつ「妨げ」の有無をチェック

- 図面を作って「妨げ」部分を記入
- 本人の身体能力との兼ね合いにも注意
- 改善したいポイントはデジカメで撮影

↓

改善後に本人の生活のしづらさが改善されたか評価

- 本人の主体的に「する」生活が増えたか
- 本人の表情や言動から「硬さ」が消えているか
- 試してみてさらに改善

9 【ケアの実践①】その人が認識しやすい状況を作る

◎何をしようとしているのか、何が行なわれようとしているのか……

その人らしい穏やかな生活を整える場合、それが本当に本人の「心の動き」に沿っているかどうかが問われます。たとえば、何かをしてもらおうと無理に本人を「誘導」しようとしても、こちらが意図したことを本人が認識できなければ、たちまち「強制」となります。

これでは、どんなに計画的なケアを行なおうとしても効果は上がりません。

たとえば、本人に「○○しませんか?」と何かを誘う場合でも、誘うために向かい合っている人が認識できなければ、「どこからか声が聞こえる」というだけになるでしょう。

そこで、まずは本人の前に目線を合わせて座ってみます。どの位置で向かい合えば、本人がこちらに気づいてくれるのか。こちらを認識できた場合、たいてい向こうから声をかけてきます(例、長期記憶にもとづいて「○○さんですか?」などという具合)。

その「認識できた」位置や向かい合い方を記録しておき、次から同じことを試してみます。そのために、まずは黙って本人の前に座るだけというやり方もあります(もちろん、本人が警戒心を抱く場合もあるので、表情などが固くならないように注意します)。

本人が主体的に「しよう」としていることがあるならば、その道具や材料をどのように設定しておけば認識しやすいか——といったことも少しずつ試してみましょう。

本人が主体的に「しよう」とする気になる「道具・環境」を整える

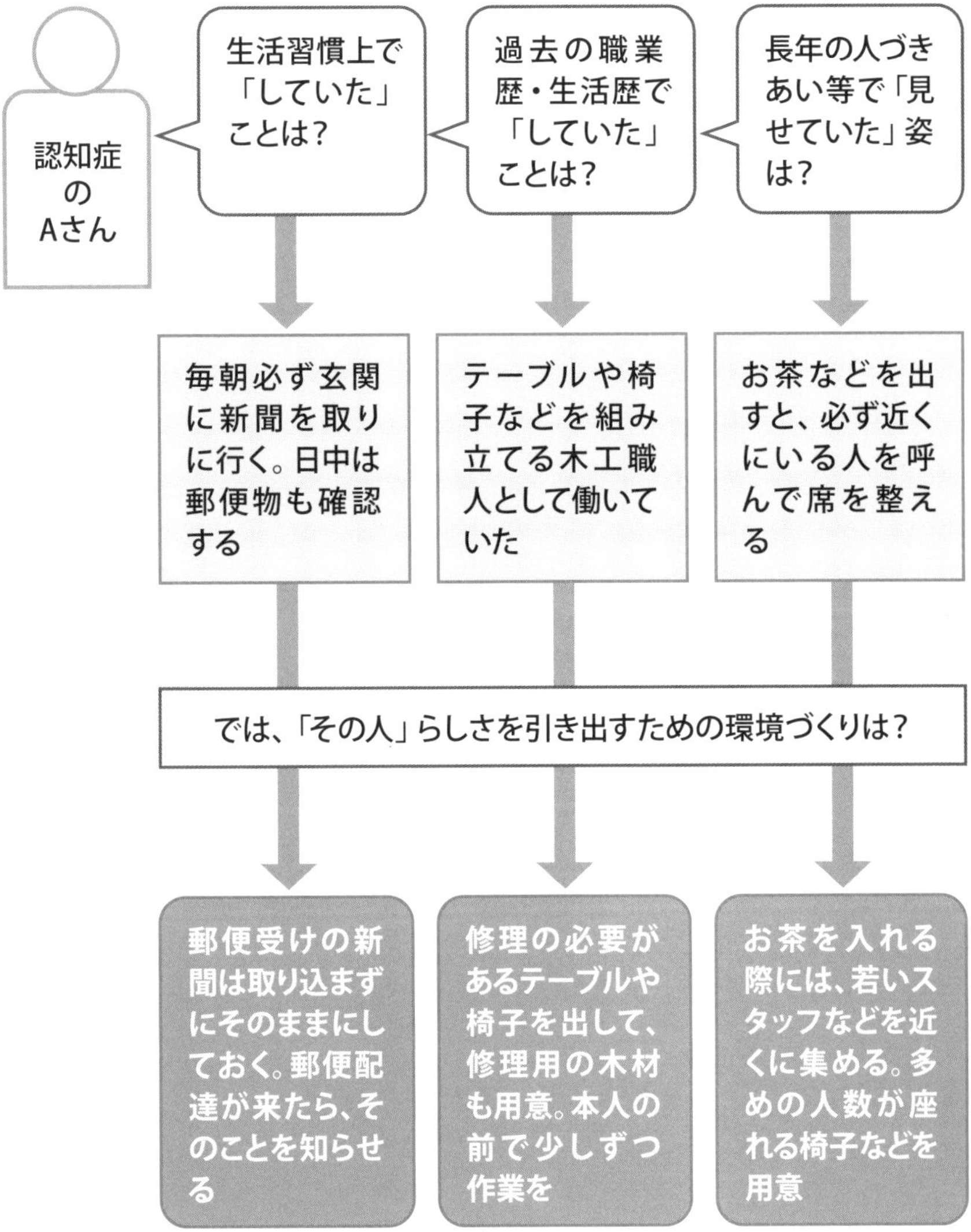
認知症のAさん
生活習慣上で「していた」ことは?
過去の職業歴・生活歴で「していた」ことは?
長年の人づきあい等で「見せていた」姿は?
毎朝必ず玄関に新聞を取りに行く。日中は郵便物も確認する
テーブルや椅子などを組み立てる木工職人として働いていた
お茶などを出すと、必ず近くにいる人を呼んで席を整える
では、「その人」らしさを引き出すための環境づくりは?
郵便受けの新聞は取り込まずにそのままにしておく。郵便配達が来たら、そのことを知らせる
修理の必要があるテーブルや椅子を出して、修理用の木材も用意。本人の前で少しずつ作業を
お茶を入れる際には、若いスタッフなどを近くに集める。多めの人数が座れる椅子などを用意

10【ケアの実践②】その人の主体性に寄り添う

◎その人なりの「やろう」のサインがあることを見逃さない

認知症の人の「認識」できる範囲を考慮したうえで、ケアする側の立ち位置や向かい合い方、その人をめぐる環境などを整えていく——これがうまく行くと、本人は周囲との「かかわり」を築くためにさまざまなアクションを起こそうとします。

たとえば、もともと「お世話好き」な人の場合、ケアする側がうまく向き合うことにより、相手は「この人に何かしてあげなくては」と考えます。

その時、本人の認識しやすい環境の中に「茶器」などがあれば、「お茶を入れよう」といったアクションを起こしたりします。ただし、見当識や判断力が衰えている中では、「どうやってお湯をわかせばいいか、茶葉はどこにあるのか」が分かりません。結局、うろうろする中で、自分の行動への不安感や混乱などからBPSDを悪化させてしまう危険も高まります。

そこで、本人がアクションを起こそうとするタイミングを見計らい、「お湯を沸かしましょう」「茶葉を出しました」という具合に先回りのサポートをしていきます。

そんな予知能力者のようなことができるのか——と思われるかもしれません。しかし、事前の情報や本人との会話を通じて本人のことを深く理解すれば、アクションにつながる「サイン」が分かるようになります。何はともあれ、本人理解がすべての入口と考えましょう。

本人が「やろう」とすることのサインを見逃さない

事前情報などから、どの人の「やろう」とするツボを発見する

認知症のBさん

とにかく世話好き。周囲の人が何かに困っていないか、常に気を配っている

↓

周囲を見渡し、立ち上がって人の間をうろうろ。人の様子を観察

↓

【職員】一人でじっと肩を落として座っていよう。私に声をかけてくれるかも

認知症のCさん

何よりきれい好き。ゴミが一つ落ちていても、見逃さずに拾う。整理整頓も

↓

床やテーブル上などに目配りする。テーブルの上をなでて汚れを確認

↓

【職員】雑巾やほうき、ゴミ箱などを本人が気づく位置に置いてみよう

認知症のDさん

静かな空間で一人で庭木などを見て過ごすのが好き。周囲の喧騒が苦手

↓

人が増え、周囲が騒がしくなってくると立ち上がり、外を見る

↓

【職員】庭木の前に一人で座れるような椅子とテーブルを出してみよう

11 【ケアの実践③】「していること」の途切れに注意

◎その人なりの「している」が途中で「できなくなる」瞬間をどうサポートする？

周囲のサポートにより、その人らしい生活行為が表出されると、本人の表情もみるみる和らいできます。しかし、これがゴールラインではありません。

認知症の人は、一つの生活動作の中でも、時としてそれが継続せずに途切れてしまうこともあります。私たちにとって「何かをする」という生活動作は「線」で認識されますが、認知症の人にとっては認識できる状況・範囲によって「ぶつ切り」になることもあるわけです。

その「途中で寸断される」というタイミングに注意し（表情などが硬くなる）、「何をしたらいいのか」というヒントをそのつど提供していくことも、認知症ケアの重要なポイントです。

とはいえ、本人が「している」ことに横から口を出したり、無理やり手を貸すという場合には注意が必要です。本人にとっては、「行動を妨げられる」と受け取ることがあるからです。

どうすればいいかと言えば、基本は「伴走」です。たとえば、絵を描いたり書道をしているのであれば、本人の認識できる場所に座って、ゆっくりと筆を動かして「自分の作品」を作っていきます。相手はその行為をなぞるように、自分も同じ動作をする——すると、途切れていた動作の流れがどこかでつながり、再びその人の主体的な行為が復活するわけです。

すべてうまく行くわけではありませんが、やってみてうまく行く方法を探っていきましょう。

その人の「している」行為に伴走して「途切れ」をなくす

認知症のEさん

昔から書道が趣味（指導者をしていたことも）。
用意された硯で墨をすり、作品に着手する

↓ でも…

時々、作品づくりまでの手順が分からなくなる

↑

【ここで伴走】その人と同じテーブルで職員が自分の作品を作るために墨をすり、筆をとって書き始める

認知症のFさん

長年、食堂で給仕のパートをしていた。
食事時になるとご飯やみそ汁、おかずを盛り付け担当

↓ でも…

時々、盛りつけの器や量などが分からなくなる

↑

【ここで伴走】本人の前で、ご飯、みそ汁、おかずの盛り付けを「担当分け」して動作を分かりやすく示す

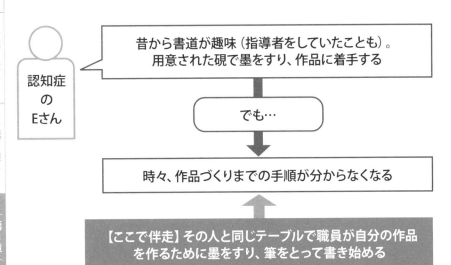

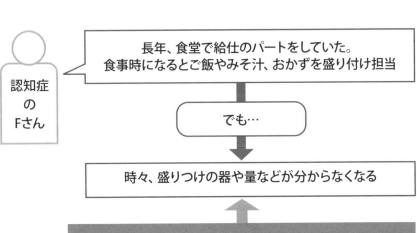

12 【ケアの振り返り①】チームでの確かな共有から

◎その人に対して、その時に何をしたか、それでどうなったか

認知症ケアというのは、その時々だけで完結するものでありません。認知症の本人にしてみれば、「周囲とのかかわり」の難しさは延々と続き、その中で継続的な支えが必要となります。

しかし、その継続的な支えを、特定の人だけが担うというのは困難です。同居する家族でも、認知症の人と常に向かい合っていれば、心身の疲労はすぐ限界に達します。

しっかりとした認知症ケアを行なうには、心身を常に整えることが必要です。だからこそ、認知症ケアは「チームで行なう」ことを前提としなければなりません。

チームが前提となった場合に、必要になることは何でしょうか。

ある場面で本人のケアに十分な効果を上げたとします。支え手が変わったとしても同じような効果を上げるためには、「そこで行なわれたこと」や「その結果と課題」をしっかりとバトンタッチ（共有）しなければなりません。

そして適切なバトンタッチのためには、その場の支え手が「自分は何をしたのか（それによってどんな結果が生じたのか）」を、人に伝えられるレベルまで自覚することが必要です。

自覚のためには、「その場で行なったこと」を意識して振り返らなければなりません。つまり、認知症ケアでは、「振り返り」ということが大切な過程となってくるわけです。

本人が主体的に「しよう」とする気になる「道具・環境」を整える

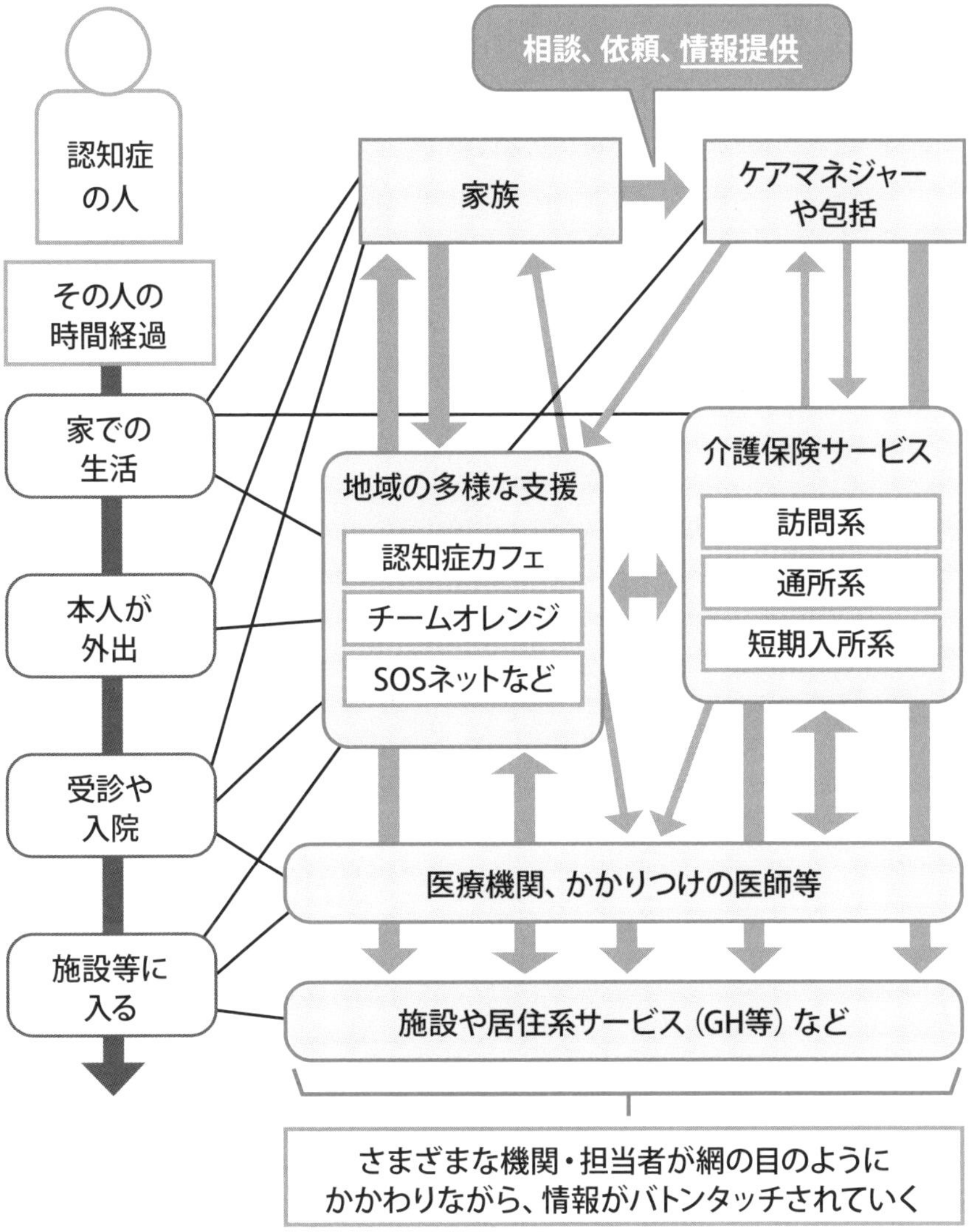
認知症の人
その人の時間経過
家での生活
本人が外出
受診や入院
施設等に入る
相談、依頼、情報提供
家族
ケアマネジャーや包括
地域の多様な支援
認知症カフェ
チームオレンジ
SOSネットなど
介護保険サービス
訪問系
通所系
短期入所系
医療機関、かかりつけの医師等
施設や居住系サービス（GH等）など
さまざまな機関・担当者が網の目のように
かかわりながら、情報がバトンタッチされていく

13 【ケアの振り返り②】記録と意見交換を欠かさない

◎何をしたかを「記し」、「意見を求める」ことで意識化を図る

自分の行なったことを意識化するには、そのことをまず「記す」ことが必要です。「記す」という行為には、自分の行なったことを第三者の視点で眺める意味があります。介護記録のようなフォーマルなものでなくても、メモやイラストでも構いません。

たとえば日記をつけて、それを後で読んでみると、「自分にはこんな面があったのか」と改めて気づいたりするものです。第三者の目で「自分」を発見するわけです。

この発見があってこそ、自分の行なったことを客観視し情報として他者に伝えることができます。この客観視ができていないと、必ず大切なことを伝えきれなくなります。

もう一つ重要なのは、「記したもの」を伝える相手が、それを「どのように見るか」です。「記す」ことによって第三者の目が築かれたとしても、その視野の範囲は意外に狭いものです。真の第三者が目にすることで、たとえば「このときに、なぜ本人はこういう言葉を発したのか」という疑問が提示されたとします。すると、自分が見落としていた新たな発見（認知症の本人の可能性や意向など）が生じることもあります。

この発見があれば、「そういえばその前後でこんなことがあった」という具合に、その人の〝新たな姿〟が描かれることもあります。これも次のケアに活かせる重要なカギとなります。

その人への支援の「記録」が果たす役割

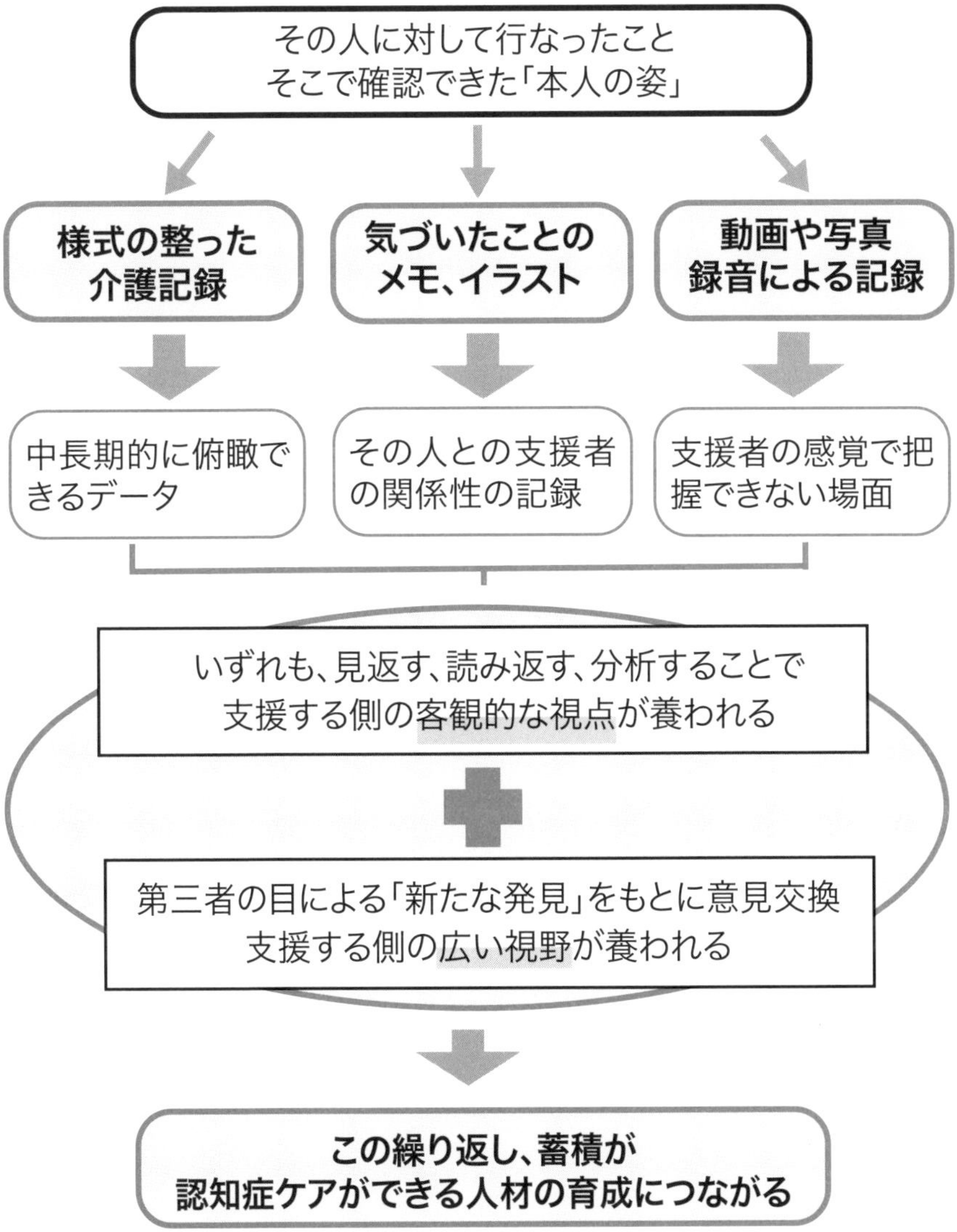
その人に対して行なったこと
そこで確認できた「本人の姿」
様式の整った介護記録
気づいたことのメモ、イラスト
動画や写真録音による記録
中長期的に俯瞰できるデータ
その人との支援者の関係性の記録
支援者の感覚で把握できない場面
いずれも、見返す、読み返す、分析することで支援する側の客観的な視点が養われる
第三者の目による「新たな発見」をもとに意見交換支援する側の広い視野が養われる
この繰り返し、蓄積が認知症ケアができる人材の育成につながる

3章コラム

認知症の人の「こんな状況」を理解する④　『徘徊』

「徘徊」という言葉は、実は適切さを欠く

「徘徊」というと、「目的もなく歩き回る」という意味があります。

しかし、認知症の人が一人で外に出て行ったりするのは、ほとんどの場合、その人なりの「目的」があってのことです。その意味では、「徘徊」という言葉は適切さを欠くと言えるでしょう。

実際、支援の現場では「徘徊」という言葉を使わず、「一人歩き」といった言葉に置き換えるケースが多くなっています。

とはいえ、見当識が衰えている状態で「一人で外に出る」となれば、帰って来れずに行方不明になったり、事故にも遭いかねません。

一方で、本人なりの「行かなければならない」という目的があるわけですから、押しとどめたり閉じ込めたりすれば、強い心理的ストレスとともにBPSDの悪化につながることになります。

本人にとっての「実世界」を理解する難しさ

必要なのは、「一人歩きには（多くの場合）目的がある」ことを頭に入れつつ、それを理解して付き添うことです。

本章でもふれているように、その「目的」は本人の長期記憶に基づいていたり、見当識の衰えによって生じています。

それは客観的な立場から見れば「虚構の世界」ではあるものの、本人にしてみれば「実際にそこにある世界」です。

この点をしっかり頭に入れないと、「どうせ虚構だから」という心理は支援者の表情や言動にどうしても現れてしまいます。

こうした点に認知症の人は敏感であるゆえに、「付き添い」をしたとしても、振り払おうとしたり逃げ出そうとすることがあります。いきなり車道などに飛び出すなど、危険が伴うことにも注意しましょう。

第4章

「相手の気持ちが読み取れる」認知症ケアが実践できる人材の育て方

1　【分析力①】多様な情報を3D的に組み立てさせる

◎情報同士を「紐づけ」するための目のつけ所はどこに？

認知症ケアの入口となるのは、認知症の本人を「理解」することです。

「その人らしさ」のバックボーンとなる生活歴や習慣はもちろんのこと、逆に「その人らしくある」ことを妨げている要因（疾患や環境）なども総合的に理解しなければなりません。

そのために、多機関・多職種からさまざまな情報を受け取ったり、自らがその人と向き合う中で新たな情報をキャッチすることもあるでしょう。

問題は、情報量が多すぎることで、自分の中で「消化」できなくなることです。これでは、せっかくの貴重な情報をケアに活かすことができません。

そこで必要になるのは、一つひとつの情報を関連づけながら、そこに隠れている「課題」をあぶり出すことです。一つひとつの情報を「点」とするなら、それを縦横3D的につなぎ合わせて「線・面」とする――これにより、「絵」（隠れた課題）が浮かび上がります。

この思考を鍛えるには、特定の情報をただ受け取るだけでなく、「なぜそうなっているのか」を探る習慣を身に着けなければなりません。

ポイントは、「なぜ？」に対する仮説を立てて、他の情報の中に「仮説を実証するものはないか」を探るという思考習慣です。具体例については、次ページを参考にしてください。

「仮説」を「実証」する視点から情報をつなぎ合わせていく-①

【認知症の人の状況】(例)
明け方暗いうちに外へ出て行こうとする

↓

【仮説】

1. 日中傾眠状態で、夜間によく眠れていない?
2. 昔は、明け方から動く生活歴があった?
3. 体調面から夜間に落ち着きがなくなっている?

↓

多職種、家族、本人から得られた情報と照らしてみる

↓

- **認知症の進行にともない意欲低下が見られ、日中の活動量が少なく、すぐ布団に潜り込んでしまう**
- **現役時代は青果市場に勤務していて、未明から職場へ向かうという生活が当たり前だった**
- **前立腺肥大が見られ、就寝後は特に尿意を感じやすく、認知症の人には夜間の不安を強めやすい**

↓

複数の要素が、互いに影響しあっている可能性も

2 【分析力②】本人と面しての「気づき」をスルーさせない

◎本人と向き合う中での「発見」を深掘りする習慣を身につけさせる

認知症の人の「隠れた課題」は、伝えられた情報の「つなぎ合わせ」だけでは十分に浮かび上がってきません。人は生活上のさまざまな場面、あるいは対人関係の中で、日々「新たな姿」を見せているからです。当然、事前の情報がくみ取れない姿もたくさんあります。

このことを頭に入れたとき、「課題」を浮かび上がらせるための「点」として、認知症の人と向かい合ったときに得られるものがとても重要になってきます。

たとえば、認知症の人とわずか10分間向かい合い、対話したり一緒に何かをするというだけで、「課題」の発見につながる多くの情報を得ることができます。認知症の人がふと口にした何気ない言葉が、実はとても重要な課題を含んでいることもあります。

大切なのは、その「発見」を自覚できるかどうかです。ぼんやりとスルーしてしまうのでは、その人らしさの実現に向けた認知症ケアの機会を逸してしまいかねません。この「発見」の感度をいかに上げていくかが、認知症ケアの人材育成の軸と言えるわけです。

感度の上げ方については、ＯＪＴ後の振り返りなどで、「あの場面からどんな情報が得られたか」を話し合うといった方法が考えられます。それ以外でも、認知症の人の生活場面の動画などを見ながら、何が「発見」できるかを指摘しあう場なども設けたいものです。

「仮説」を「実証」する視点から情報をつなぎ合わせていく-②

前項の「明け方暗いうちから外へ出ていこうとする」人のケース

↓

本人と向き合う中で得られた「発見」

↓

【本人の言葉】
「今日はいい天気だ。作物の出来もいいはずだ」

【本人の行動】
短時間しかじっとしていない。常に何かを探してうろうろする

【ケアの場面で】
日中の活動量増加のため散歩に誘うが、外に出てもすぐ戻りたがる

↓

「仮説」を通じて3D化した情報のもと、さらに思考を進める

↓

「天候→作物の出来」という話の流れから、青果市場勤務だった経験が本人の思考に強い影響を？

前立腺肥大の治療が十分でないために、尿意を感じて常に落ち着きがなく、トイレを探している？

職歴からすると、明るくなると「もう家へ帰る」という習慣が身に着いているのではないか？

↓

「仮説」が少しずつ肉付けされていく中で
本人の平穏を取り戻すヒントも生まれてくる

例. 本人の睡眠サイクルを生活歴に合わせて調整する、明け方の外出に着きそう、主治医に相談しつつ前立腺肥大の治療をきちんと進める

※あくまで「案」の一つなので、多職種で検討し、PDCAサイクルにかけることが必要

3 【分析力③】先入観や思い込みから思考を解放させる

◎「なぜ、自分はそう考えてしまうのか」を自省させるクセを

情報や発見を3D化しながら、「その人らしい生活の姿」に向けた課題を解決する——この過程では、ときとして大きな「壁」が立ちふさがることがあります。

それが、人の思考の中で生じる先入観や思い込みです。

たとえば、「この人のこういう言動には、こんな背景があるのでは？」という仮説を立てたとします。すでに述べたように、仮説を立てること自体は大切なことですが、そこには他者に説明できる「客観的な根拠」が必要です。

ところが、「なぜ、そういう仮説が出てきたのか」を掘り下げると、実はケアする側の価値観や経験だけがベースになっていたり、世間に流通する誤った情報に基づいていたりする（それを自分の価値観だけで「正しい」と思い込んでしまう）ことがあります。

それらを「客観的な根拠とは別物」として意識化できないと、適切な課題分析ができないだけでなく、人の尊厳をないがしろにする「偏見」にもつながりかねません。

こうした「偏見」にもつながりかねない思考を防ぐには、「なぜ、自分がそう考えてしまうのか」という自身の内面にきちんと目を向ける習慣が必要です。自身の内面に目を向ける作業は難しいことですが、たとえば次ページのような取組みをヒントにしてください。

自分の中にある「先入観」や「思い込み」の根っこを知る

今の自分の価値観や物の考え方が
どのように形成されているかを振り返させる

自分の生まれ育った家庭環境について → 両親はともに会社勤め、自身の兄弟含めて4人家族。自然環境が少ない繁華街近郊で育ち、転居もなし → 自営業や農漁業など、多様な職業への実感、多様な家族の状況などに対する実感が乏しい

たとえば、「夜は寝るもの」「食事は皆でとるもの」という具合に「あるべき生活の姿」がパターン化していないか？

自分の趣味・趣向や人間関係について → 趣味はアウトドア系。いつも友人と一緒に出かける。一人でいることは寂しく、常にスマホで友人とLINE → インドア系趣味についての興味が乏しい。一人でいる人は「きっと寂しい」と感じやすい

たとえば、一人で「絵を描いている」「本を読んでいる」という人を、多人数での活動などに「誘う」ことが「いいこと」と断じていないか？

4 【分析力④】その人を「理解する」意欲をわかせる

◎人としての「素敵な姿」を発見させることからスタート

認知症の人の生活課題を解決するうえで、注意しなければならないことがあります。それは、その人の「できないこと」ばかりに注目し、「やってあげる・誘導してあげる」という考え方に陥ってしまうことです。これが当たり前になると、「この人はこれができない」という「否定」が、その人を理解する切り口になってしまいます。

これは人の尊厳を損なうことにつながります。認知症の人も、そのことを敏感に察知します。その時点でその人との関係性が崩れ、認知症ケアは成り立たなくなります。

これを防ぐには、認知症の人が自ら「しようとしていること」を肯定的にとらえることが必要です。とはいえ、(周囲との折り合いがつかない中で)「うまく行かない部分」ばかりがどうしても目立ちます。ケアする側も人間ですから、ついイライラしたり「何でできないのか」とじれったくなってしまうこともあるでしょう。

この感情を転換させるには、「その人のいい所を見つけたい」という意欲をわかせることが必要です。そのためには、環境改善等でＢＰＳＤの悪化を抑えつつ、その人の「生活上の素敵な姿」が発見しやすい状況を整えることが必要です。

「素敵な姿」の発見機会をいかに増やせるかが、人間への理解力を高める一歩となります。

その人の「素敵な姿」を描写してみるのも一手

BPSD改善のための環境整備・体調管理に向けて
組織ぐるみで集中的な取組みを進める

↓

一定の効果が現れることにより、
本人が主体的に「している」姿が見られることも

- **他人の手助けをしようとする**
- **昔取り組んでいた趣味に勤しむ**
- **職歴を発揮する作業に勤しむ**
- **場の言動を明るくする言動**

↓

- その際の姿をスケッチしてみる
- その際の姿を写真やビデオで撮っておく
- その際の本人の言動をそのまま文章にする

5 【創造力①】課題解決の道筋を組み立てさせる

◎目標を見すえつつ、解決のためのルートマップが創造できるか

得られた情報や新たな発見をもとに、認知症の人の「課題」が分析できたとします。

次に必要になるのは、この「課題」を解決することです。

たとえば、「自分で食材を買い出して、家族などのために料理をつくる」ことが、その人にとっての長年の習慣であり、本人なりの「役割」（つまり、「その人らしさ」の現れの一つ）であったとします。では、関連する一連の行為を行なう中で、今でも自分で「している部分」はどこなのか、どこでサポートすれば行為を完結させられるのでしょうか。

この点について、本人の認知の状況や、ＢＰＳＤの状態、「していること・できていること」の見極めなどを通じ、「どうすれば完結させられるのか」を探る――これが課題分析となります。ただし、解決のためには、具体的なサポート方法を考えなければなりません。

その際には、「誰が、どの範囲でサポートするのか」、「本人ができていることまで奪わない（本人の尊厳保持にかかわります）ための配慮すべき点は何か」など、対応の道筋を慎重に組み立てていくことが必要です。いわば、ルートマップを創るわけです。

「本人らしい姿」という目標を見すえつつ、このルートマップの創造ができるかどうか。マネジメント能力とも言える技能をどう育んでいくかが、問われることになります。

「目標達成」に向けたルートマップを描いていく

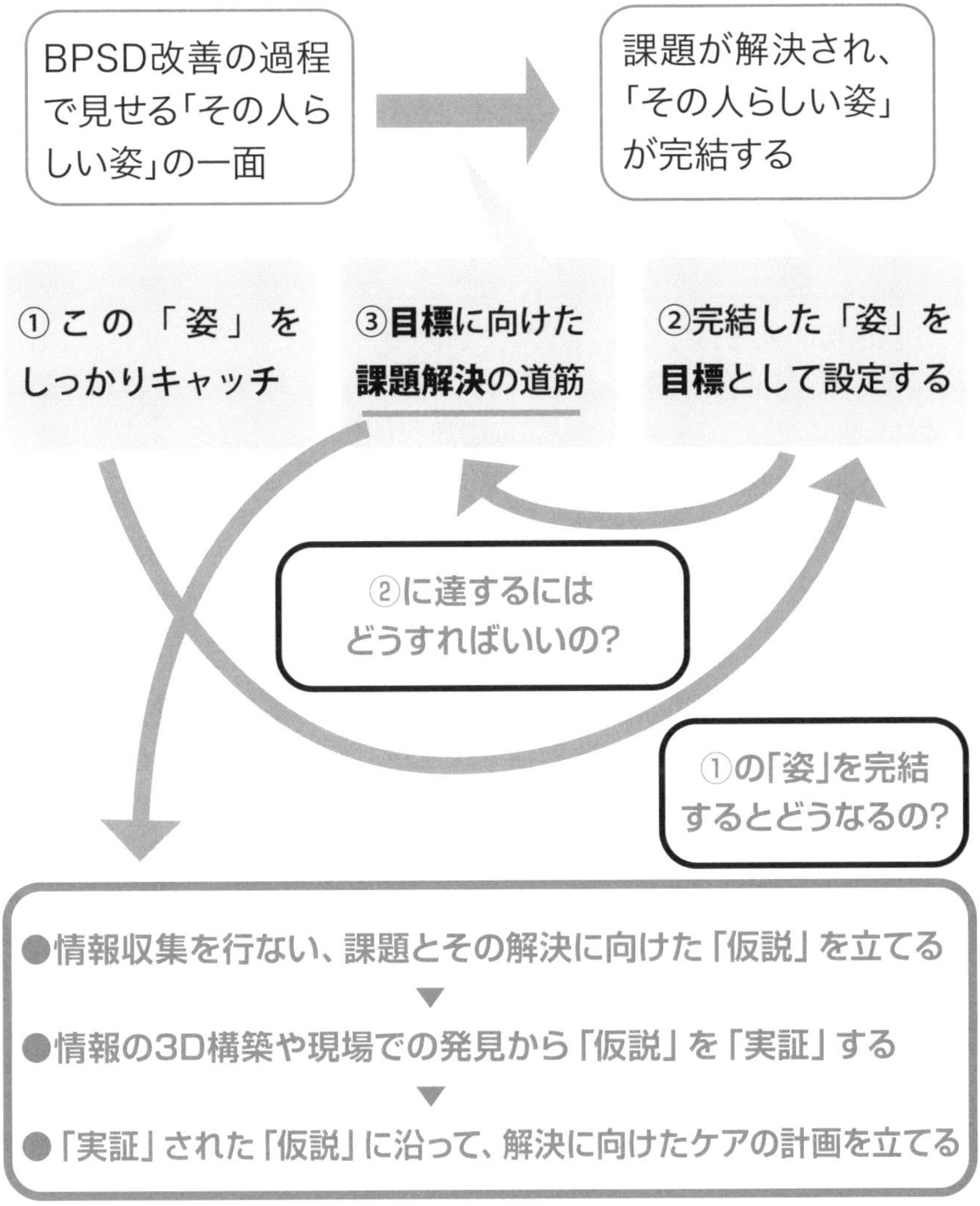
BPSD改善の過程で見せる「その人らしい姿」の一面
課題が解決され、「その人らしい姿」が完結する
①この「姿」をしっかりキャッチ
③目標に向けた課題解決の道筋
②完結した「姿」を目標として設定する
②に達するにはどうすればいいの?
①の「姿」を完結するとどうなるの?
●情報収集を行ない、課題とその解決に向けた「仮説」を立てる
▼
●情報の3D構築や現場での発見から「仮説」を「実証」する
▼
●「実証」された「仮説」に沿って、解決に向けたケアの計画を立てる

6 【創造力②】解決アイデアの引き出しを増やす

◎認知症ケアの成功事例などを収集して、ストックを蓄積していく

課題解決のためのルートマップを創るうえでは、地域のさまざまな機関・人々の協力、いわば資源が必要です。ただし、ルートマップ上のどの部分で、どの資源の協力をあおぐことが適しているかについて、きちんとマッチングしなければなりません。

仮に、地域にマッチングできる資源がないとなった場合はどうすればいいでしょうか。そうしたケースでは、新たに資源を創り出すことも必要になります。

このように「既存の資源とルートマップをマッチングする」、あるいは「新たな資源を創り出す」うえでは、たくさんのアイデアの「引き出し」が求められます。

ただし、この「引き出し」を一朝一夕で増やすのは、なかなか難しいことです。特定の支援機関・支援者が、経験にもとづく範囲で「増やす」といっても限界があります。

そこで必要になるのは、幅広い医療・介護・福祉のサービスの現場で培われた成功事例を学びつつ、自身のストックの中に組み入れていくことです。

今は、ネットなどでさまざま事例を日々収集することができます。ただし、その地域なりの資源やその活用法となると、ＳＮＳや研修会参加などを通じ、地域単位での情報交換などの機会を増やすことが欠かせません。具体的な方法は、次ページを参照してください。

「課題解決」のアイデアの引き出しを増やすには？

1 明らかになった課題を前に、「こんなものはないだろうか？」という仮アイデアを出し合う

↓

①を頭に入れつつ……

↓

2 まず、地域を歩いてみる（認知症の本人とも一緒に）

↓

例．本人が興味を示す（進んでかかわろうとする）場所・物・人があった？

3 ネット等で成功事例などを探す。既存の地域資源もチェック

↓

例．地域に本人の趣味（そば打ちなど）に沿った取組みを行なうスペースが

4 研修の場やSNSなどで、地域の多職種からアイデアを募る

↓

例．地域の薬剤師会が、無料の服薬相談会をボランティアで行なっている

↓

アイデアを集積したうえで、課題解決のルートマップと照らしながら支援策に組み込んでいく

↓

「もっとこういうものがあればいいのに」というヒントが得られるなら、地域と交渉しながら資源を創造することも

7 【創造力③】認知症の本人の言葉に注目させる

◎「困ったら本人に訊け」を基本に。本人の言葉は実はアイデアの宝庫

さまざまな成功事例を集め、「引き出し」の数を増やす――これはルートマップ作成に向けた大切な手段ではありますが、「全て」ではありません。

人の生活は一人ひとり皆違うわけですから、Aという人の支援に活用できた資源が、Bという人の支援にも有効である――とは言えません。となれば、すでに述べたように、その人の支援のルートマップのための新たな資源を「創り出す」ことも必要になります。

たとえば、「喫茶店で奥の席に座ってコーヒーを飲む」という習慣を再現することが、本人らしい生活の姿の一つであるとします。そこで、昔行きつけていた喫茶店に、日時を決めて本人と一緒に行きます。その日時だけ、喫茶店側にお願いして、奥の席を空けてもらうようにします。つまり、特定の喫茶店を「資源」へと開発していくわけです。(具体的には次項を参照)

ただし、スタートとしては、その「喫茶店」が本人にとって大切であることを発見しなければなりません。どうやって発見するかと言えば、単純な話ですが「本人に訊く」ことです。

もちろん、訊き出すための流れというものがあります。たとえば、本人と一緒に「昔、よく歩いた」という散歩コースを歩きます。その中で、本人から「ここはこういう場所(よく立ち寄ってコーヒーを飲んだ場所)」という話が出たら、それが資源開発の第一歩になるわけです。

たとえば…「本人の言葉」から資源開発を進める流れ

認知症の本人

〇〇という喫茶店の奥の席でサイフォンコーヒーを飲みたいな

← まず、本人の話を訊く

↓

現在、〇〇という喫茶店はないが、近隣に古くからの味わいある店舗でサイフォンコーヒーを飲ませる店「●●」がある（奥に落ち着けるテーブル席もある）

← 本人の話をもとに、地域をリサーチする

↓

「●●」と交渉し、日時を決めて奥の席を予約して、本人と一緒に訪ねてみる

← 昔馴染みの友人・知人がいれば、同行に誘ってみる

本人にとって落ち着ける空間であるか、本人が「また来たい」と感じるか、店側に「認知症の人の受け入れ」に理解があるか…等々を見極める

8 【創造力④】資源開発のための交渉力を身に着けさせる

◎資源候補の「サポートしよう」という主体性を、焦らずに引き出すコツ

前項で述べた「資源開発」にはコツがあり、それをいかに学ばせるかも重要な課題です。

たとえば、前項の「喫茶店」のケースですが、いきなり「この人は認知症なので店利用の際にサポートをお願いしたい」と申し出ても、相手は戸惑うだけでしょう。

そこは、認知症カフェのような「認知症の人を支える」という目的で運営している場所ではなく、あくまで「商売」です。他のお客との兼ね合いで神経質になることもあるでしょう。

また、専門職でもない人に「この人は認知症なので…」と安易に伝えれば、それは専門職としての守秘義務も問われることになります。あくまで、本人の人権・尊厳が損なわれないように、段階を踏みつつ十分な配慮を欠かすことはできません。

こうした点を考えれば、以下のような流れで進めることが必要です。

①本人の「したい・している」ことに寄り添い、一緒に行動（散歩などを）する。本人が同行を嫌がる場合、「私もそこ行く用事がある」など「たまたまご一緒する」という状況を作る。

②本人の言葉を聞きつつ、その人が「したいこと」「立ち寄りたい場所」にご一緒する。

③これを習慣化する中で、その場所・状況下の「相手方」の歩み寄りを辛抱強く待つ。相手が主体的に「こうしたい」という意思が見えたところで、次ページのように協力をお願いする。

「新たな資源開発」のためには、慎重なステップを踏むことが必要

「資源」となりそうな場所があれば行ってみる。人がいれば会ってみる

▶ **いきなり「認知症の人をお連れしたい」ではなく、「認知症の人とこのあたりを散歩することがあるが、本人（匿名）の残っている記憶にマッチしているようで、とても興味を示している」といった状況を伝える**

↓

相手と継続的なコミュニケーションを取りつつ、主体的な「誘い」を待つ

▶ **その場所・人と支援者の間で、きちんと関係を構築する（ここに信頼関係が生まれることが重要）。これを通じる中で、相手側から「一度、その人と一緒に来ていただいたらどうですか」という誘いが生じることも**

↓

来訪する、あるいは会ってみた後に改めて御礼に訪れる。感想も聞く

▶ **目標として定めた「その人らしい主体的な姿」が垣間見えた場合は、その成果を伝える。成果が伝えられることで、相手も「自分で役立つことがあれば」という意識が高まる。これを続ける中で徐々に資源化を図る**

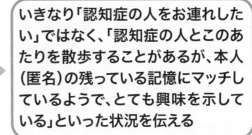

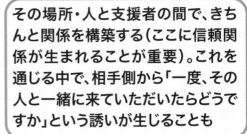

9　【創造力⑤】資源の発見・開発の「ヒント察知」を会得させる

◎ポイントは、本人の「五感に与える刺激」への注意力を高めること

収集した資源情報の中から、その人なりの目標に向けたルートマップで「使える」ものはどれか。地域の中で、ルートマップに据えられる資源はないかどうか――。

このマッチングに向けた感性が鍛えられないと、どんなに資源候補を集めても、その人なりの目標にたどり着くことはできません。では、適切なマッチングのためには、どんな点に目をつければいいのでしょうか。このヒント察知力を会得させることも重要です。

ヒントを察知するコツとして、重視したいのは、やはり「五感に与える刺激」です。

認知症の人の場合、物事を認知できる範囲が狭くなっている分、「どこかでカバーしよう」という本能が働きがちです。医学的に証明されているわけではありませんが、認知症ケアの現場からは、「五感で受ける刺激」に敏感になっているという話がよく出てきます。

たとえば、「いい香り（先の喫茶店で言えばコーヒーの香り）」「いい触感（木のぬくもりが伝わる家具など）」がある場所では、本人の気分が和らぎます。その結果、「その人らしさ」の着地点となる長期記憶が鮮明によみがえることがあります。

となれば、地域のさまざまな資源の中でも、「五感に与える（よい）刺激」を発見・開発の大きな基準とし、そのための注意力や感性を鍛えていくことを目指したいものです。

新たな「資源」候補を発見するための「五感のヒント」（例）

視覚

誰もが「美しい」と感じる風景、本人の長期記憶に訴える情景や風物など

↓

例．伝統的な日本庭園、古い映画の看板、アンティーク家具の展示場など

聴覚

心を穏やかにする音楽・環境音、長期記憶に訴えるさまざまな音響など

↓

例．昭和の名曲が流れる喫茶店、野鳥がさえずる公園、教会でのゴスペル合唱

味覚

ストレスを解消しやすい甘い味覚、その人の生まれ育った故郷の味つけ

↓

例．懐かしい味を再現した郷土料理の店、和菓子類を軒先で食せる店など

嗅覚

気分をリラックスさせるアロマの香り、コーヒー・緑茶など嗜好品の香り

↓

例．セラピストが出張してくれるアロマテラピー、店頭で焙煎するコーヒー店

触覚

木肌の温かさ、ふわふわとした毛並み、リラックスできる湯温、涼しいそよ風

↓

例．古木で建設した集会場、大人しい動物と触れ合える場所、足湯温泉など

10【実践力①】ルートマップ実践のための基本技能

◎さまざまな研修があるが、原点は「本人の身」になること

認知症ケアの実践には、その人としっかりコミュニケーションがとれる技能が必要です。

昨今は、認知症ケアにかかるさまざまな技法や、それらを修得する研修が開かれています。ただし、それを「修得した」からと言って、実践に活かせる技能を身に着けられるとは限りません。なぜなら、対人ケアとなれば、その人との相性や「こちらをどのような人物と認識しているか」など複雑な要素が絡むからです。ただし、横軸を通じた基本というものはあります。

それは、「その人の身になる」ことです。その人が今、どんな心理状態に置かれているか、自分に置き換えた時にそれが痛いほど分かるかどうか――ここがスタートとなります。

こうした「認知症の人の身になる」ために、認知症の人の視点を体験するVR（バーチャル・リアリティ）ヘッドセットなどを使った体験研修などもあります。もちろん、これらも有効ではありますが、大切なのはこうした「体験」をベースとして想像力を働かせることです。

たとえば、知らない国で言葉も通じないという環境下に、突然自分が置かれたことを想像してください。周囲の人が一見「やさしい」顔つきでも、「何を考えているか分からない」という不安はあるはずです。では、本当に信頼の置ける人とは、どんな人なのか――この想像を膨らませていけば、「相手に信頼される表情・態度とは何か」が見えてくるはずです。

認知症の人の「身になる」ための想像のヒント

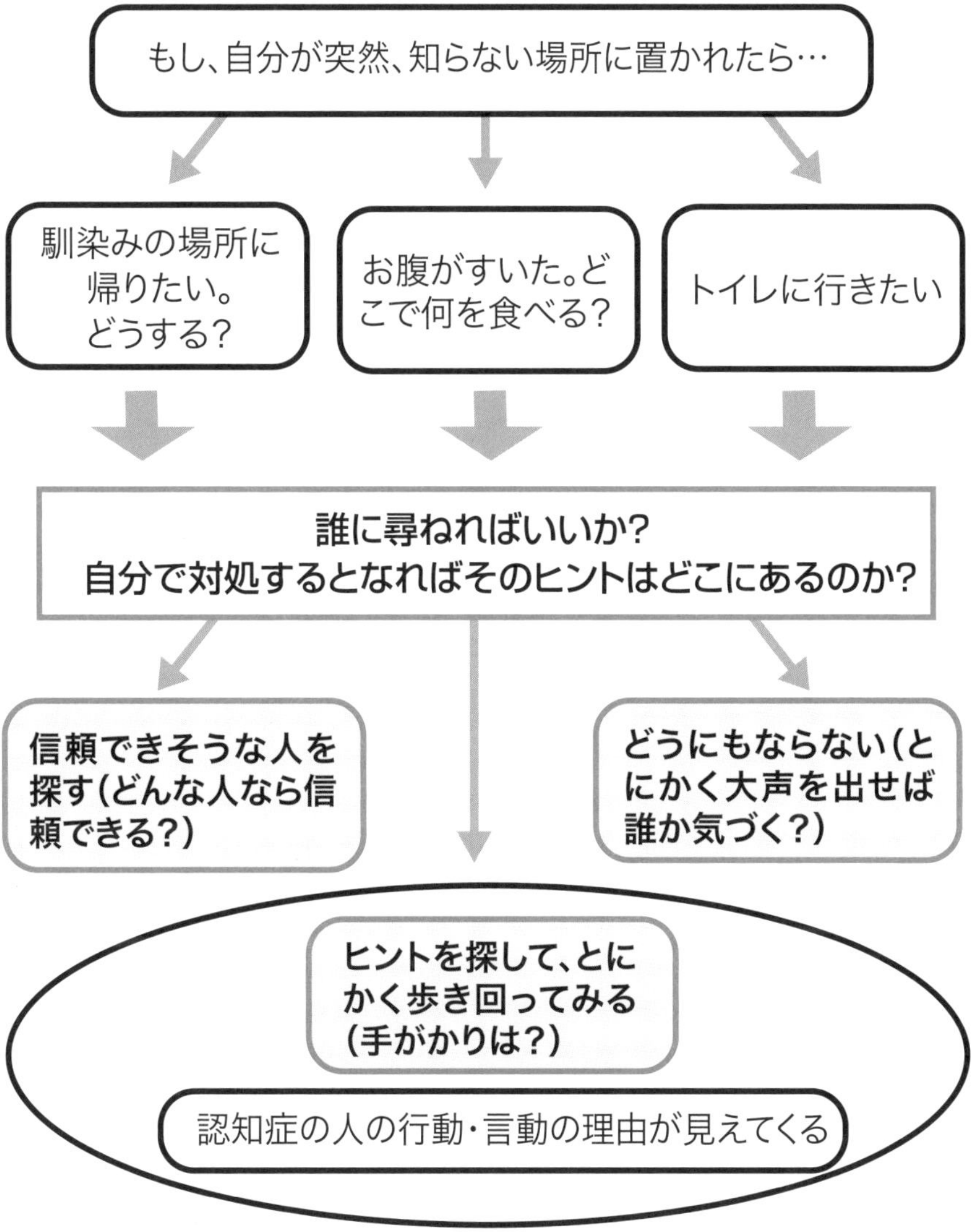
もし、自分が突然、知らない場所に置かれたら…
馴染みの場所に帰りたい。どうする?
お腹がすいた。どこで何を食べる?
トイレに行きたい
誰に尋ねればいいか?
自分で対処するとなればそのヒントはどこにあるのか?
信頼できそうな人を探す(どんな人なら信頼できる?)
どうにもならない(とにかく大声を出せば誰か気づく?)
ヒントを探して、とにかく歩き回ってみる(手がかりは?)
認知症の人の行動・言動の理由が見えてくる

11【実践力②】表情、態度、言葉、ボディタッチなど

◎「その人の身」になれば、笑顔でいればいいというわけではない

前項で、自分が「認知症の人の認識できる世界」に置かれた場合を想像してみました。一見、ニコニコして優しそうでも、「本当に信頼できるのか」という疑問がそこに浮かんできます。

むしろ、大切なことは、「(目を合わせつつ）きちんと向き合って、こちらの不安な心理を『理解している』というアピールが表情から感じられるかどうか」にあるはずです。

認知症によって、脳がキャッチできる認識の範囲も狭まっているとなれば、向かい合い方もしっかり正面に。そっとやさしく手をさするなどで、触覚からのアピールも必要になります（いきなり手を握ったりすると、脅威と感じるケースもあります)。

この向かい合いを辛抱強く続ける中で、相手の方から言葉をかけてくる瞬間もあります。その時に、きちんと相づちを打って相手を全人的に肯定し、さらに言葉を引き出します。

もちろん、こうした技能を「自分のもの」として会得するまでには時間もかかるでしょう。その場合、相手の人生観や価値観を把握したうえで、ただじっと座っていたり、逆に他の人と楽しく話をするという具合に、その人の前の「一風景」を演じてみる方法もあります。

たとえば、とても「世話好きな人」なら、肩を落として座っていれば、相手から気を使って声をかけてくることもあります。この一風景の演じ方も技能の一つを考えたいものです。

認知症の人との「向かい合い方」が分からなければ…

その人の生活歴や習慣
性格、価値観などを把握したうえで…

一定程度、BPSDが改善されていることが前提

その人がとても世話好きな人ならば…
↓
1人で肩を落とし、本人の近くでじっと座ってみる
↓
「どうされました？お具合でも？」と声をかけてくることも（もしくは、他の人を呼びに行くなど）

その人の好きな飲食物が分かっていれば
↓
その人の好物を、匂いなどが届く位置で調理してみる
↓
匂いに誘われて近づき、「もうお昼ですかね？」「手伝いましょうか？」などとかかわってくる

その人の趣味・趣向が把握できていれば
↓
その人の趣味である創作活動に専念してみる
↓
その人の分の創作道具などを用意しておけば、「私もやってよろしいですか」と活動に加わる可能性も

↓

いずれにしても、コミュニケーションのきっかけが生まれてくる

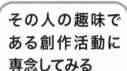

12 【実践力③】相手の主体性を「待てる」忍耐も必要

◎主体性が発せられるタイミングに洞察力を集中しながら……

介護サービスなど支援の現場で働く人は、「困っている人に手を差し伸べたい」という意識が概して強いものです。その支援の心意気そのものは、否定されるものではありません。

しかし、この「手を差し伸べたい」という思いが強すぎると、その人が「できること」や主体的に「しようとしていること」まで、先回りして手を出してしまいがちです。

これは、認知症の人に限らず、高齢者や障がい者の支援一般に言えることですが、気持ちが早って手を出してしまうことは、その人の尊厳を損なうことになりかねません。

となれば、はやる気持ちを押しとどめつつ、その人の主体性が発せられるタイミングをじっと待てる忍耐も必要です。つまり、「助けたい」という感情の先走りを、「それが本当にその人のためになるか」という理性による考察でコントロールしていくわけです。

ただし、人は感情で動く動物でもあり、それを理性でコントロールすることは、思いのほか大きなエネルギーを要します。その点で、介護業務などは「頭脳労働」「身体労働」のほか「感情労働」という面があることを、組織の管理者などは意識しなければなりません。

その「感情労働」の負担を軽減するには、「主体性が発せられるタイミング」を計る洞察力が必要です。洞察力で理性の働きが強化され、感情コントロールが機能するわけです。

現場の支援者は、さまざま「感情労働」を背負っている

認知症の人	支援者の気持ち	理性によるコントロール
本人がうろうろと何かを探している	この時間だとトイレに行きたいのだろう。連れて行ってあげようか	「どうされました？」と気遣ってよりそい、何気なくトイレのドアを開けて、そこがトイレであることが分かる状況設定をする
本人が外に出ていこうとしている	一人で外に出て行ってしまうのは危ない。連れ戻さないと	携帯電話を持ち、「お出かけですか？　私もそこまで行くのでご一緒しましょう」と相手に付き添って近隣を一周する
本人がきつい言葉でこちらを責める	忙しいのに…同じことを繰り返していらいらする。言い返したい	責めのいわれはなくても、「本当に申し訳ありません」と頭を下げて謝る。第三者が「どうしました？」と間に入るのが理想

支援者は常に「感情をコントロールする」という多大な労力を負っていることを、周囲は理解することが必要（「感情コントロール」を負っているのが家族であるなら、家族自身が疲れを訴えていなくても、支援者は「家族の感情的疲労」が蓄積していることに配慮する）

13 【実践力④】洞察する力をどのように鍛えるか？

◎認知症の人が「していることに合わせる」中に洞察力を磨くヒントがある

超能力者でもなければ、相手の心の動きを読むことはほぼ不可能です。心理学で「心の動きが読める」という話もありますが、それはどこかにヒントがあるからに他なりません。

では、そのヒントとは何でしょうか。その人の視線の動き、手の動き、その他それまでとは変わった動きなど、経験によって得られるポイントはたくさんあるでしょう。

しかし、もっと簡単な目のつけ所があります。それは、その人の「していること」に寄り添う中で、合わせている自分の動きに違和感が生じることです。

たとえば、認知症の人と一緒に料理をする、あるいは散歩をするとします。その人に乗り移ったつもりでリズムを合わせて行動してみると、どこかでそのリズムが変わったり、途切れたりするタイミングが生じることがあります。

そのタイミングこそ、その人の「心」が現れている瞬間である可能性が高いといえます。

認知症の人の場合、それは記憶力・判断力・見当識が途切れている瞬間かもしれません。そうなれば、何とかその瞬間を取り繕うとする意思が働きます。一見、それは「問題ある行動」と映るかもしれませんが、そこに本人の主体性が隠れていることが多いものです。

このタイミングを逃さない——この感覚を身に付けさせたいものです。

その人の「心」が現れる瞬間に気づくヒント

その人の「していること」に寄り添う

例.一緒に料理をする、一緒に歌う
一緒に畑仕事をする、外出に同行する

↓

ヒント!!
していることのリズムが変わる

ヒント!!
していることが途切れる

ヒント!!
している中での言動が変わる

↓

認知症によって「していること」の継続が難しくなっているが、本人なりに「できる範囲」で継続をカバーしようとしている可能性

ここに、その人らしさの「象徴」が現れる

14 【実践力⑤】小さなPDCAサイクルを意識させる

◎ルートマップを検証するのとは別に、実践の場でのサイクル稼働を

その人の主体性が発揮されるタイミングを読む——とは言っても、最初のうちはすべてうまく行くわけではありません。完全な見当違いということもあるでしょう。

大切なのは、「見当違いだった」ことを素直に受け入れたうえで、「何が間違いだったのか」を素早く検証させることです。そこで短い間に「学び」が得られ、次に訪れる瞬間を「どうキャッチすればいいか」という洞察力を進化させることができます。

言うなれば、瞬間的にPDCAサイクルを機能させる——ということになるでしょう。

PDCAサイクルと言えば、課題分析から目標設定、目標達成のためのルートマップの作成といった一連の中で機能させるものと思われがちです。

もちろん、こうした大きなPDCAサイクルは必要ですが、もう一つ実際に「認知症の人と向き合っている」という中で動かす「小さなPDCAサイクル」も意識したいものです。

これを鍛えるためには、まず「大きなPDCAサイクル」をしっかり実践させなければなりません。その際に、P（仮説）とC（評価）のスピードを上げていくようにします。

たとえば、一つのシーンを課題に挙げて「どうすればいいか（P）」、「うまく行ったかどうかをどこで判断するか（C）」を繰り返しテストしていく方法もあります（図参照）。

現場の「実践」の中でもPDCAサイクル的思考を発揮する

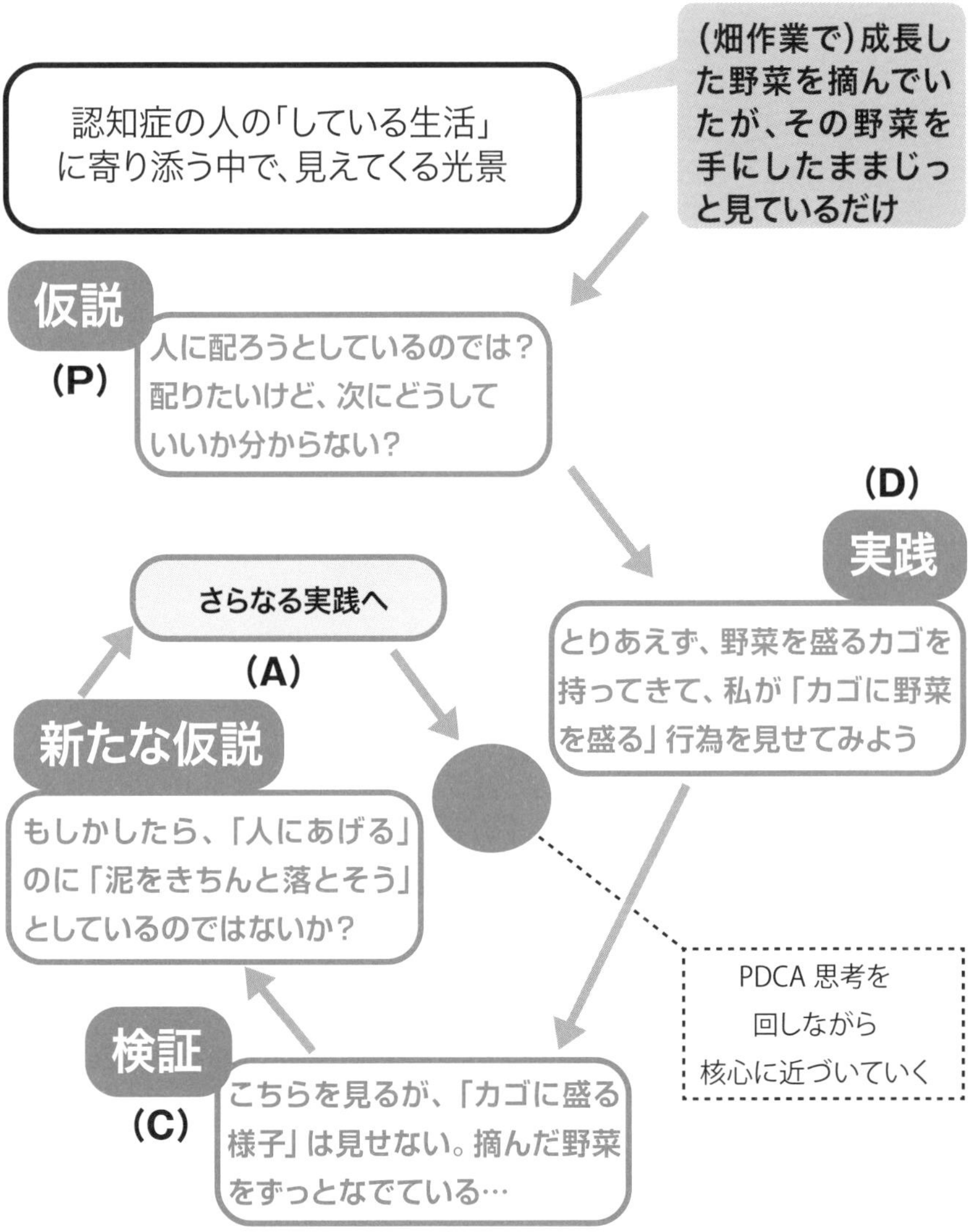
認知症の人の「している生活」に寄り添う中で、見えてくる光景
（畑作業で）成長した野菜を摘んでいたが、その野菜を手にしたままじっと見ているだけ
仮説
(P)
人に配ろうとしているのでは？配りたいけど、次にどうしていいか分からない？
(D)
実践
とりあえず、野菜を盛るカゴを持ってきて、私が「カゴに野菜を盛る」行為を見せてみよう
検証
(C)
こちらを見るが、「カゴに盛る様子」は見せない。摘んだ野菜をずっとなでている…
新たな仮説
もしかしたら、「人にあげる」のに「泥をきちんと落とそう」としているのではないか？
さらなる実践へ
(A)
PDCA思考を回しながら核心に近づいていく

BPSD対応の向上に向けた取組み①
【認知症BPSDケアプログラムとは】

BPSDを「本人のメッセージ」として読み解く

認知症ケアで主軸となるテーマと言えば、行動・心理症状（BPSD）への対応力向上です。そのための研修プログラムとして、国が活用を推し進めているのが、「日本版BPSDケアプログラム」です。

これは、東京都が公益財団法人・東京都医学総合研究所と協働して開発したもので、スウェーデンのケアプログラムをもとにしています。

考え方の基本は、認知症の人のBPSDを「本人のメッセージ」として読み解き、その背景要因を分析したうえでケア計画へと反映→ケア計画の実行へとつなげていくという流れです。

観察→分析→計画→実行のPDCAサイクルを回す

実践においてベースとなるのは、以下の2点です。

①アドミニストレーター（事業所での実践者）、インストラクター（ケアプログラムの推進役）を育成すること。②オンラインシステムの活用によりBPSDを可視化し、チームでケア計画を共有したうえで一貫した実践を行なうこと――となります。

そのうえで、「認知症の人の状態把握（BPSD状況の観察）」→「BPSDを本人のメッセージととらえたうえでの背景要因の分析」→「本人のニーズに沿ったケア計画の作成」→「計画の実行」をたどります。
「実行」した結果については、必ず評価（BPSDが改善されたかどうか）を行ないます。評価によっては「背景要因を再分析」し、「ケア計画を見直す」という具合にPDCAサイクルを回していきます。

なお、評価の際の指標については、142ページを参照してください。

第5章

認知症ケアができる人材育成のためのスキルアップツール

1 ロードマップの中での「各ツール」の位置づけ

◎「どのツール」を「どこで活用するか」を整理しておこう

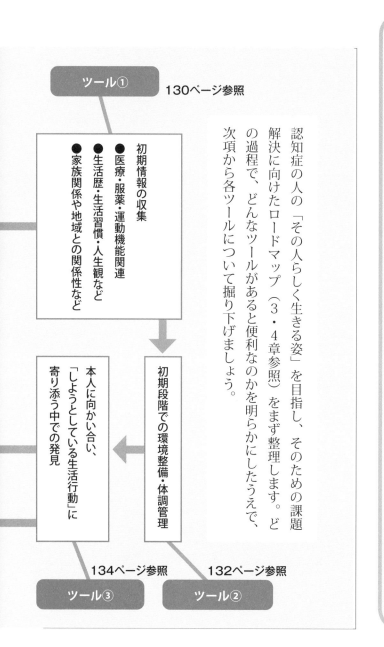

認知症の人の「その人らしく生きる姿」を目指し、そのための課題解決に向けたロードマップ（3・4章参照）をまず整理します。どの過程で、どんなツールがあると便利なのかを明らかにしたうえで、次項から各ツールについて掘り下げましょう。

ツール①
130ページ参照

初期情報の収集
- ●医療・服薬・運動機能関連
- ●生活歴・生活習慣・人生観など
- ●家族関係や地域との関係性など

ツール②
132ページ参照

初期段階での環境整備・体調管理

ツール③
134ページ参照

本人に向かい合い、「しようとしている生活行動」に寄り添う中での発見

【目標設定】認知症の人の「その人らしい（主体的な）生活の姿」

【課題設定】目標の「姿」を実現するうえで、課題となっていること

ツール④ 136ページ参照

課題を解決するうえで有効な「地域資源」の発見・開発

地域資源を活用したり、資源と連携する中で、課題解決に向けた「実践」を進める

「実践」の経過・結果を共有したうえで、「振り返り」を行なう

ツール⑤ 138ページ参照

「実践」にともなうリスクや家族にかかる負担などを検証し、課題・目標を見直す

ツール⑥ 140ページ参照

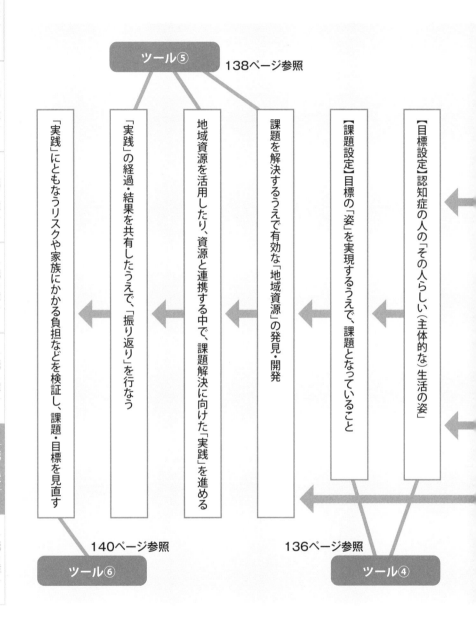

2

【ツール①】初期情報の「聞き取り」ツール

◎さまざまな情報に振り回されないために「聞き取り」ながら整理

認知症の人にかかる初期情報は、連携シートなど定められた様式で伝えられるものばかりではありません。日々の多職種連携や家族・本人とのやり取りの中で「口頭」などで伝えられるものも数多くあります。情報を漏らさず、整理を進めやすい工夫を。

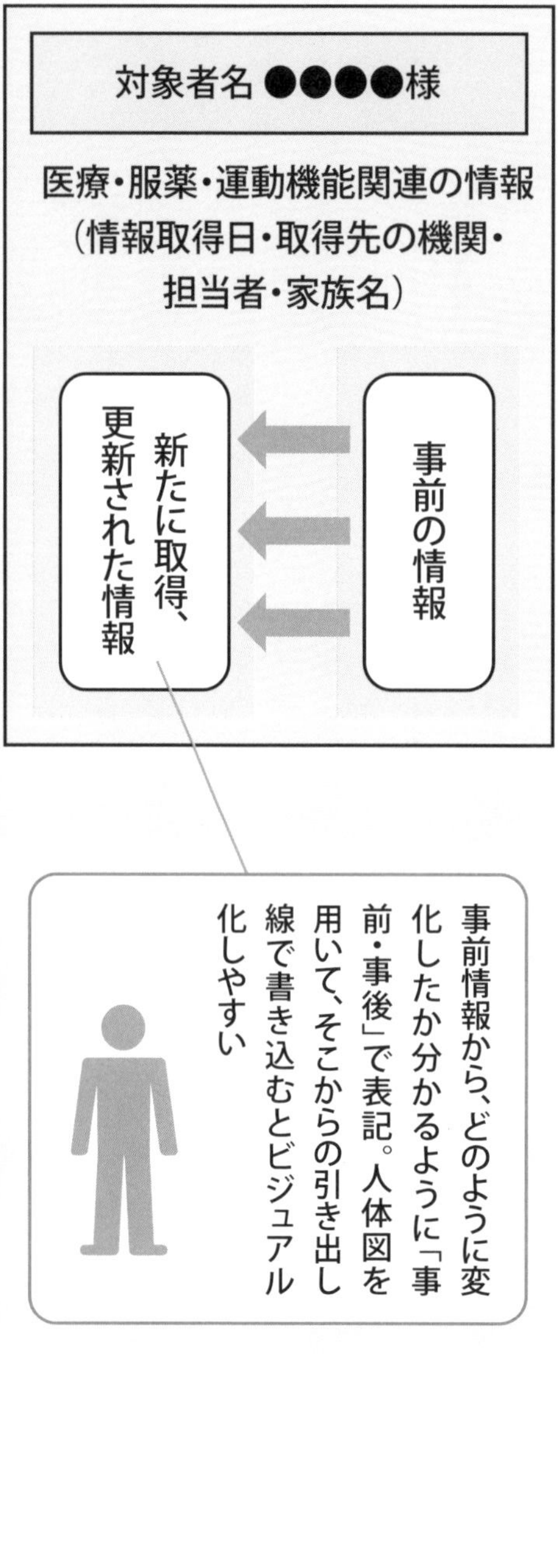

対象者名 ●●●●様
医療・服薬・運動機能関連の情報（情報取得日・取得先の機関・担当者・家族名）
事前の情報
新たに取得、更新された情報
事前情報から、どのように変化したか分かるように「事前・事後」で表記。人体図を用いて、そこからの引き出し線で書き込むとビジュアル化しやすい

本人を中心に、どのような人間関係・地域関係が形成されているのかをマップで示していくと分かりやすい

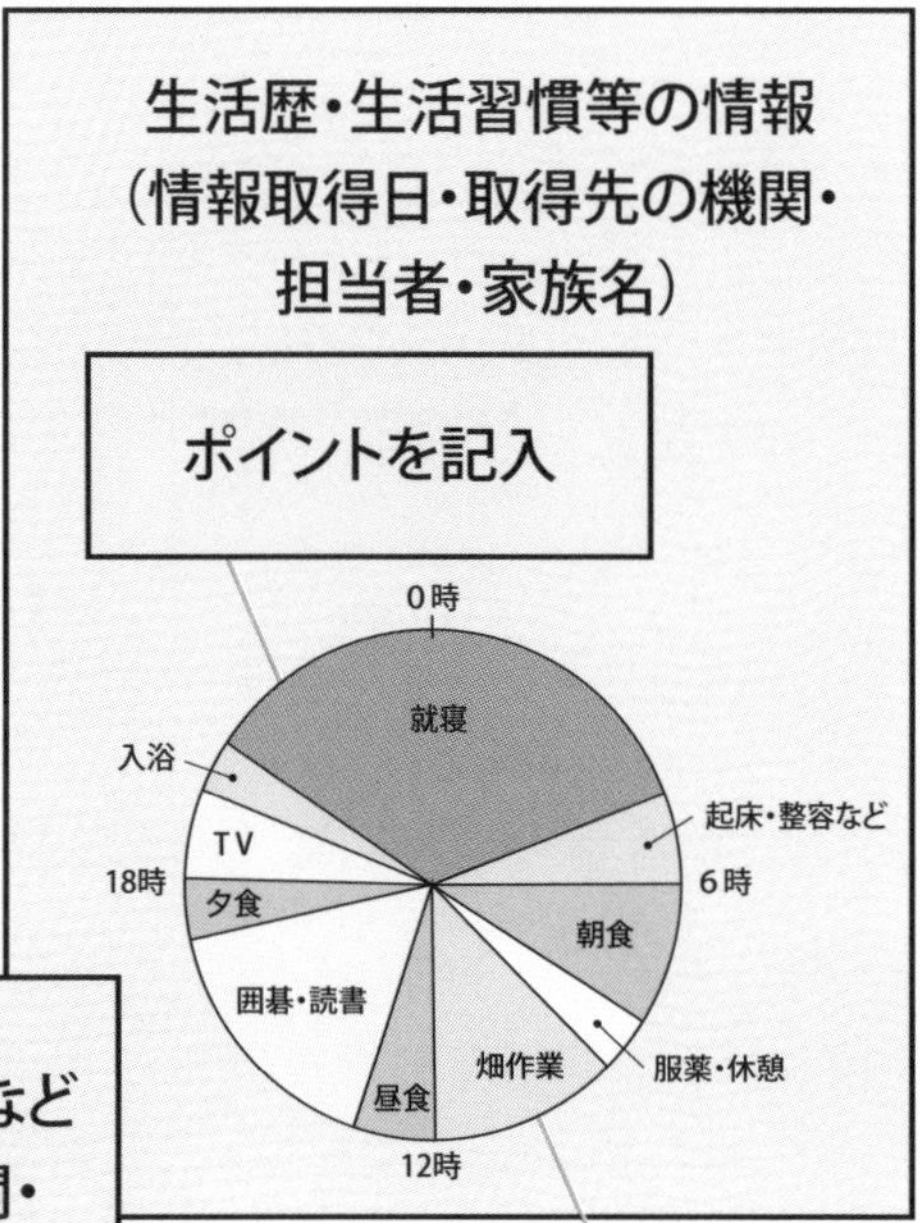
生活歴・生活習慣等の情報
（情報取得日・取得先の機関・担当者・家族名）
ポイントを記入
0時
就寝
入浴
起床・整容など
TV
18時
6時
夕食
朝食
囲碁・読書
服薬・休憩
畑作業
昼食
12時

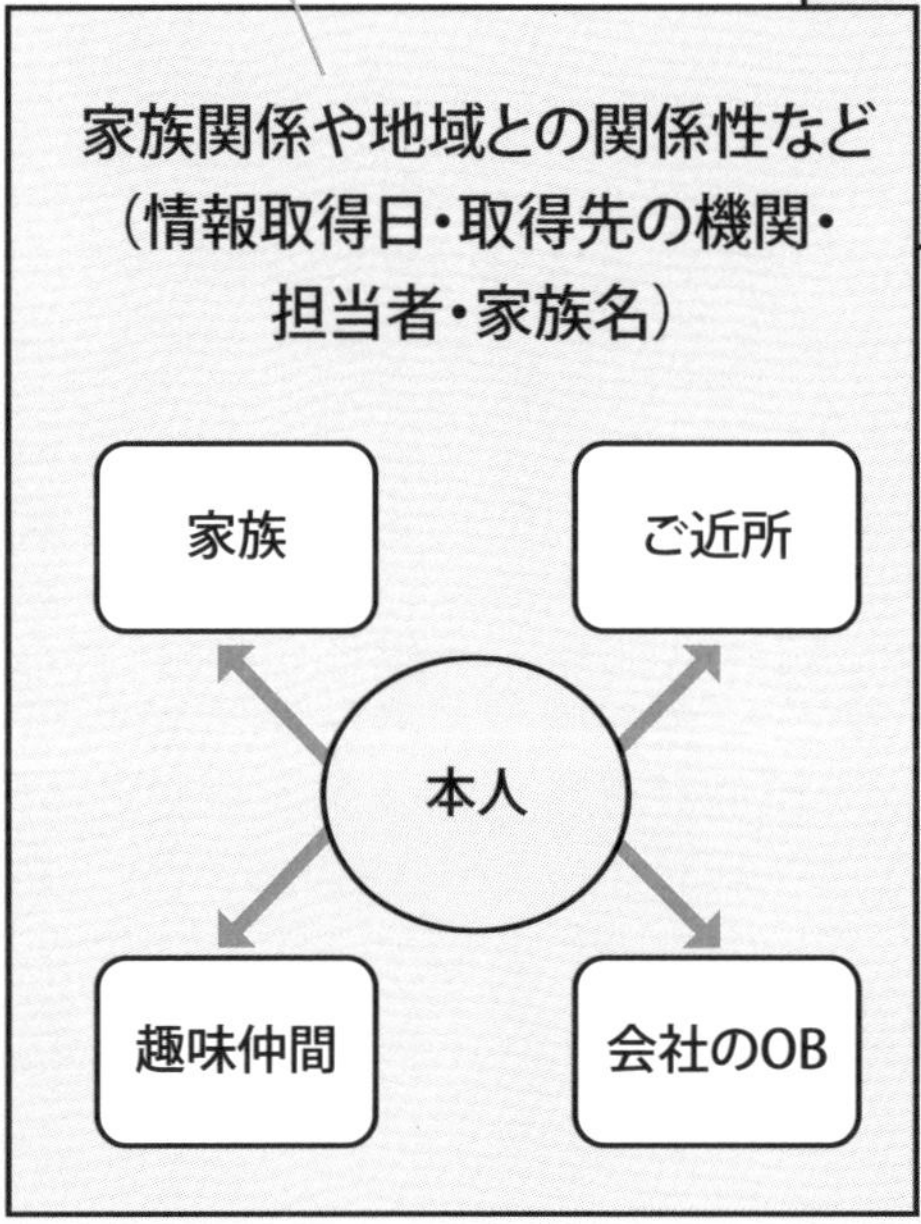
家族関係や地域との関係性など
（情報取得日・取得先の機関・担当者・家族名）
家族
ご近所
本人
趣味仲間
会社のOB

生活の様子を円形タイムテーブルで記して、そこに具体的なポイントを記していくと整理しやすい

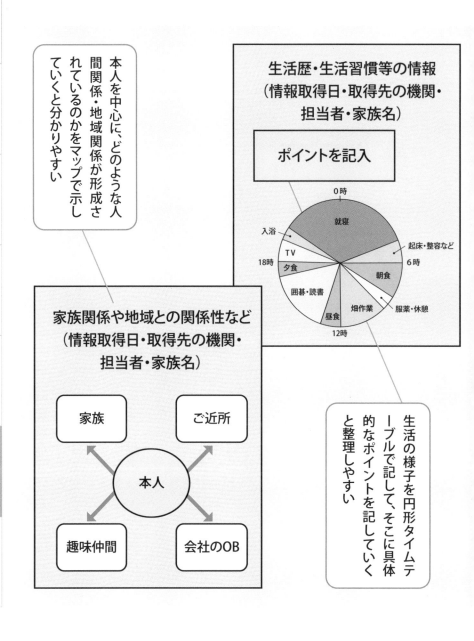

3 【ツール②】初期段階での環境整備等計画書

◎初期情報をもとに、ＢＰＳＤをできる限り改善させる取組みを

本来の「その人らしい姿」を取り戻すことが、目標設定↓課題解決のスタートとなります。そのためには、初期情報をもとにＢＰＳＤの改善に向けた環境整備や体調管理などをしっかり行なうことが必要です。計画的に進めるための共有ツールを考えます。

環境整備について

例.トイレの表示について
（提案内容とその理由）

具体的な表示の方法案

基本的な環境整備はすでに行なわれていることを前提としつつ、その人なりの認識（長期記憶にもとづくなど）に配慮した工夫案などを記す

現場の支援者が、ケアを行なう際の「留意点」として記す。専門職のアドバイスが必要な場合は、その担当者名や連絡先なども記しておく

●●●●さんのための

例. ●●さんが落ち着ける小物やインテリア（提案内容とその理由）

具体的な小物などのイラストや写真も

その人が長年使って愛着のあるものを家族などから貸与してもらう。長期記憶にある小物類を、その人用としてワンセットにしておく方法も

かかりつけの薬剤師や看護師などと連携し、現状で服用している薬のリストなどをまとめる。服用後の休息や見守りポイントなども整理

●●●●さんのための体調管理等について

本人の服薬状況と服薬管理に際しての注意点

例. 服薬している薬の種類（誤記載に注意）、服用のタイミングや留意点など

主治医からの本人の持病にかかる情報と、体調管理に際しての指導内容

例. 入浴に際しての湯温、食事に際しての栄養上の注意など

4 【ツール③】本人に寄り添う中での「発見」記録

◎環境整備や体調管理を行なう中で見えてくる「その人らしさ」を描く

環境改善・体調管理などによる初期対応を行なった後、本人と向き合い・寄り添います。その過程で「その人らしい姿」が垣間見えたら、その「発見」を記録します。初期情報だけでは得られない、その人なりの課題解決に向けた重要な情報となります。

●月●日（木）天候と気温
●●●●さん 場所と時間
本人のセリフ
例.
「今日はいい天気だが明日はどうかな？」
そのときに本人は何をしていたか？
特に「その人らしさ」が現れている言動については、マーカーを引くなど目立たせる。その際の写真などがあれば、添付しておくと現場の状況が伝わりやすくなる

その場の環境との関連で見えてくるものもあるので、天候や気温、時間、場所なども明記しておく

語彙の使い方や方言なども、その人を知るうえでの貴重な情報となるので、できるだけ忠実に再現する

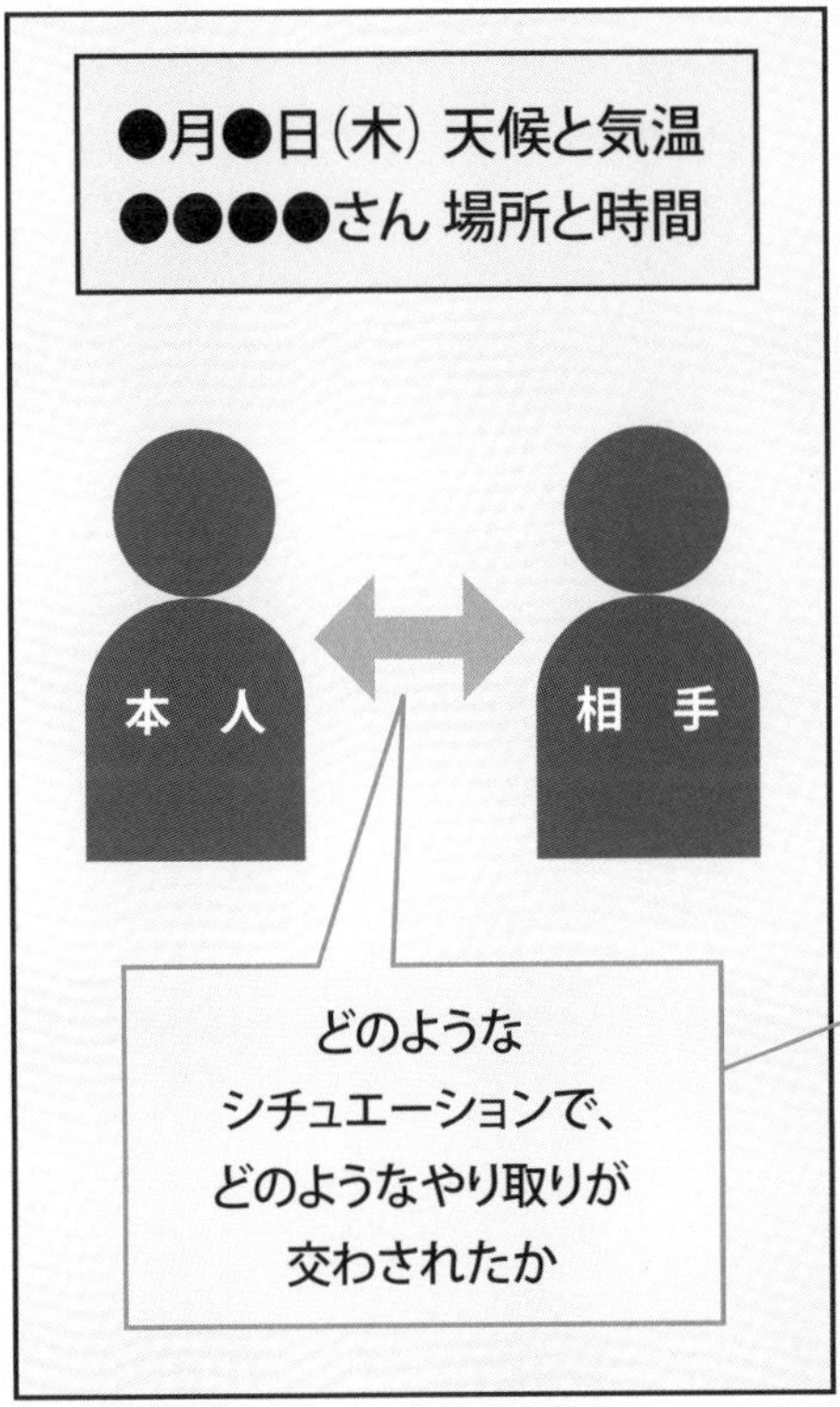
●月●日（木） 天候と気温
●●●●さん 場所と時間
本人
相手
どのような
シチュエーションで、
どのようなやり取りが
交わされたか

他者とのかかわりあい（相手をどのように認識しているかも含む）は、その人の人生観や価値観を物語る貴重な瞬間。対象者の様子やその場所での状況なども含め、特に詳細に描写したい

5 【ツール④】「目標設定」と「課題設定」のロードマップ

◎大切なのは、その人が「どうありたいか」を理解し、目標への道筋を描くこと

初期の情報や発見をもとに、その人の「もっとも自分らしい姿・尊厳を保持できている状態」を目標として設定します。そこに到達するうえで、どのような課題があるか、どうすれば解決できるのか道筋を描きます。認知症ケアの軸となる計画です。

その人らしさに向けた目標設定

その人らしさが発揮されている姿

例. ご近所に自身の農園で作った野菜をおすそ分けしている

例. 若い人に着物の着付けを教えている

事前情報や新たな発見から、「主体的にしている姿」を具体的に描き出す

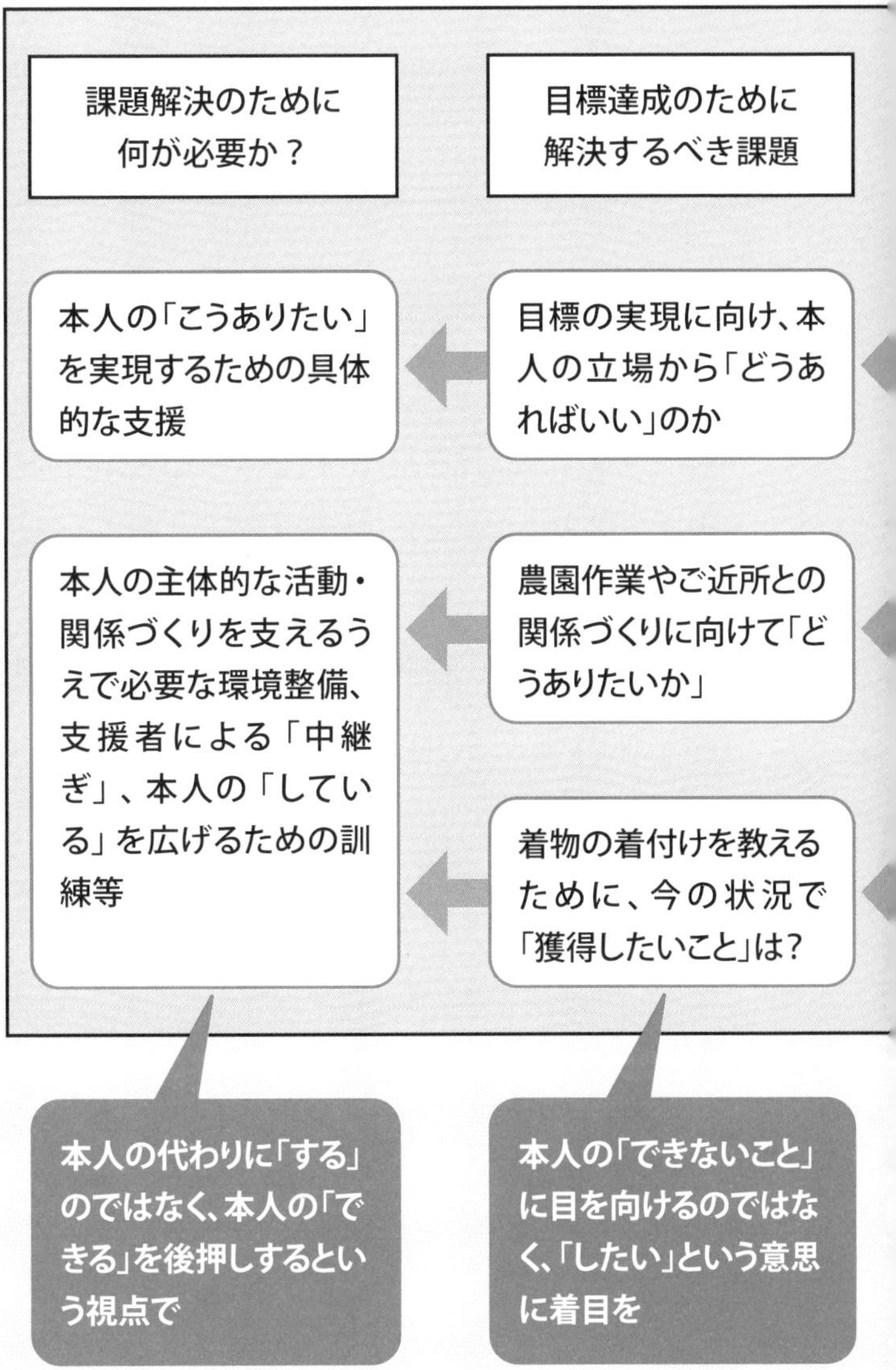
目標達成のために
解決するべき課題
課題解決のために
何が必要か？
目標の実現に向け、本人の立場から「どうあればいい」のか
本人の「こうありたい」を実現するための具体的な支援
農園作業やご近所との関係づくりに向けて「どうありたいか」
着物の着付けを教えるために、今の状況で「獲得したいこと」は?
本人の主体的な活動・関係づくりを支えるうえで必要な環境整備、支援者による「中継ぎ」、本人の「している」を広げるための訓練等
本人の「できないこと」に目を向けるのではなく、「したい」という意思に着目を
本人の代わりに「する」のではなく、本人の「できる」を後押しするという視点で

課題領域ごとに目標を設定するという、本来のケアマネジメント的な流れとは異なっています。「本人の姿」という目標から入っているのは、認知症ケアにとってもっと大切な「本人主体」の思考をはぐくみやすくするためです。

6

【ツール⑤】課題解決に向けた「実践」ツール

◎資源の発見・開発の経緯から、実践のための留意事項の共有まで

136ページのロードマップに沿って、認知症の人の課題解決に向けた取組み（実践）を進めます。基本はチームで行なうこと…となれば、何を行なったか、気づいたことは何かについての共有が必要です。分かりやすく共有できるツールを考えましょう。

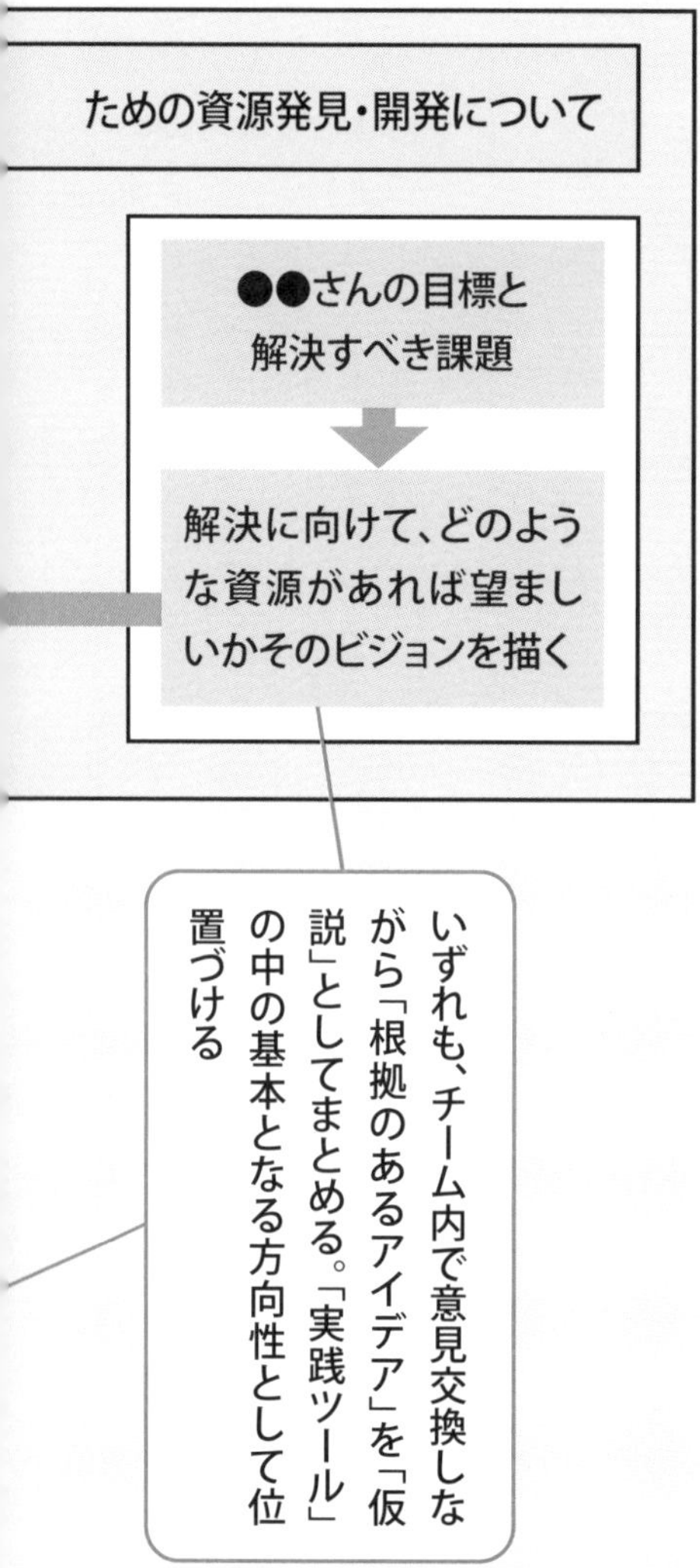
ための資源発見・開発について
●●さんの目標と解決すべき課題
解決に向けて、どのような資源があれば望ましいかそのビジョンを描く
いずれも、チーム内で意見交換しながら「根拠のあるアイデア」を「仮説」としてまとめる。「実践ツール」の中の基本となる方向性として位置づける

地図や本人の言動の描写、フロー図などを使いながら、当事者感覚で共有できる工夫を

新たな「気づき」があれば、そのつど気づいた人が加筆していく。常に欠かせないポイントはマニュアル化も

●●●●さんの課題解決の

右ページのビジョンを受けて、資源の発見・開発に向けた取組みの経緯を記す

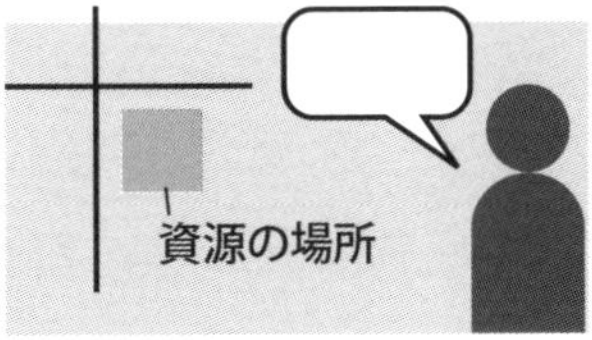

●●●●さんの課題解決に向けた留意事項について

●●さんの目標と解決すべき課題

解決に向けての具体的な取組み計画

実際に取組む中で気づいた（チームで共有したい）留意事項

7

【ツール⑥】振り返りと検証の記録

◎「実践」の結果、解決に近づいたか・新たなリスクはないかを考えるために

「実践」を通じ、それが「うまく行っているかどうか」の評価を明らかにしなければなりません。また、家族負担など新たなリスクがないかどうかも検証が必要です。これらをきちんと整理しつつ、目標・課題の見直しにつなげるためのたたき台です。

生じていないか？ ①

●課題(例)
得意の手料理のために行きつけのスーパーに買い物に行き、食材を選びたい

実践の過程で「リスク」(BPSD悪化の兆候が見られるなど)に直面した場合は、振り返りの記録をもとに、多職種(医療・リハなど)にアドバイスを求めるための「状況報告」を行なう

「実践」の過程で、何らかのリスクが

●実践（例）
スタッフが「助手」として同行。買い物メモを一緒に見ながら売り場に誘導

→

●振り返り（例）
すでにある食材（メモにはない）を「買わなければ」とこだわりを見せる

本人の「新たなこだわり」等に直面し、その場でどのような対応を行なったのか、それがうまく行った（本人が納得した）のかについても記録し、計画の見直しに活かす

「実践」の過程で、何らかのリスクが生じていないか？ ②

●課題（例）
関節の可動域を広げて、昔からしている家庭菜園の手入れを続けたい

→

●実践（例）
訪問リハビリによる可動域の拡大を目指した訓練、農作業のための作業療法も

→

●認められるリスク（例）
若干の「痛み」をともなう訓練もある中で、本人が強く訓練を拒否することも

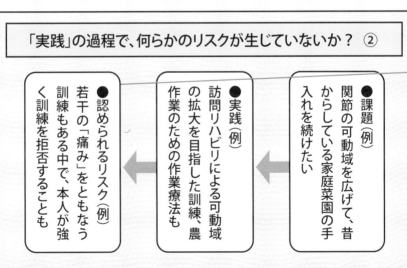

BPSD対応の向上に向けた取組み②
【BPSD対応を評価する指標について】

指標は3つ。たとえば「DBD-13」とは？

126ページで紹介した「認知症BPSDケアプログラム」を実践していく中で、そのケアがうまく行っているかどうかを測定する指標があります。国が推奨しているのが、以下の3つの指標です。

1つは「DBD-13」で、認知症の人のBPSDが悪化した際によく見られる具体的な状態を13項目で質問事項としたものです。

①同じことを何度も何度も聞く
②よく物をなくしたり、置き場所を間違えたり、隠したりしている
③日常的な物事に関心を示さない
④特別な事情がないのに、夜中に起き出す
⑤特別な根拠もないのに、人に言いがかりをつける
⑥昼間、寝てばかりいる
⑦やたらに歩き回る
⑧同じ動作をいつまでも繰り返す
⑨口汚くののしる
⑩場違い、あるいは季節に合わない不適切な服装をする
⑪世話されるのを拒否する
⑫明らかな理由なしに物をため込む
⑬引き出しやタンスの中身を全部出してしまう

この13項目について、それぞれ「全くない（0点）」「ほとんどない（1点）」「ときどきある（2点）」「よくある（3点）」「常にある（4点）」という具合で点数化していきます。

この他、2つめに「意欲の指標」である「Vitality　Index」。3つめとして、やはりBPSD評価尺度である「NIP指標」が示されています。

第6章

認知症ケアのさらなるステップアップのために必要なこと

1 認知症の人が直面しやすい「事故」の防止

◎見当識の衰え等によってもたらされるリスクをどう回避するか？

認知症によって見当識が衰えると、目の前にある物や状況に対する認識も不十分となります。そのため、目の前の物や状況によってもたらされる「危険」の回避が難しくなりがちです。たとえば、「洗剤」という認識が不十分ゆえに、「飲み物」と思って口にしてしまう。「車道」という認識が乏しいゆえに、「車が来る」ことを想定せずに飛び出してしまうという具合です。

認知症ケアの目的は、その人らしい穏やかな暮らしの実現にあります。その意味では、その人が陥りやすい危険を防ぐことも、大切な認知症ケアの一環と言えるでしょう。

注意したいのは、それが「危険」な行為であったとしても、本人にとっては「自分らしさを象徴する姿」（つまり、目標）の通過点にあるかもしれない点です。

その場合、「危険」だからと取り上げたり、力づくで制止すればどうなるでしょうか。本人にとっては「邪魔をされた」と考えて、こちらを「悪意ある存在」と受け取ることもあります。

もちろん、本人の命や安全が第一ですから、緊急的な対処は当然必要です。

しかし、それをきっかけにＢＰＳＤが悪化する可能性を考えれば、「緊急的な対処」の前に「予防的な対処」（また、緊急的な対処を行なった場合のアフターフォロー）に日頃から心を配りたいものです。ここまでできることが、認知症ケアの専門性と考えましょう。

認知症の人の「目標達成」に向け、リスクにも配慮

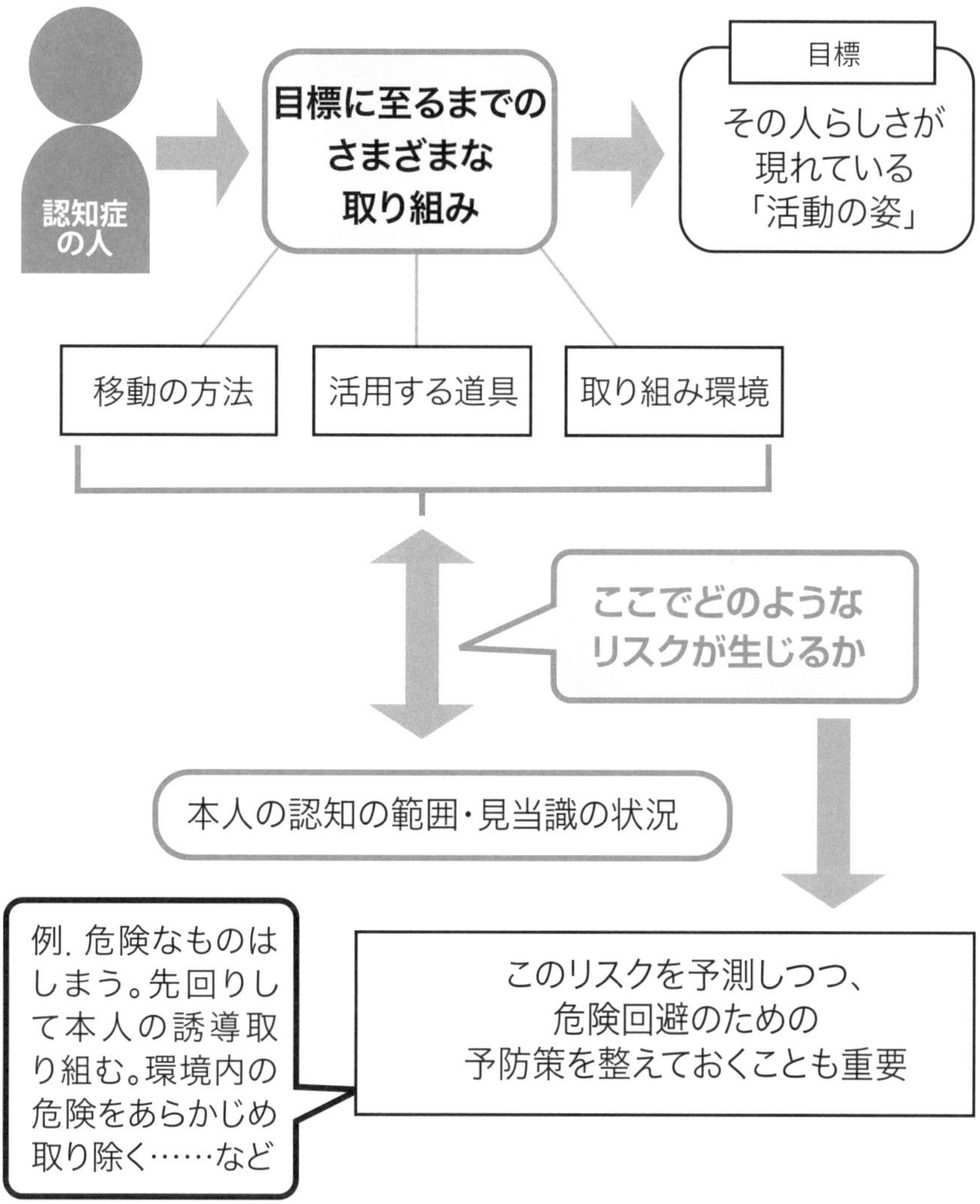

2 認知症の人の「社会参加」を広くとらえる

◎地域で行なわれているさまざまな取組みを参考に、本人視点でアイデアを

認知症の人の「その人らしい姿」の実現を目指す場合、欠かせない視点が「社会参加」です。人はもともと「社会的存在」なのですから、多様なコミュニティの中で「自分の役割」を果たしていくことは、尊厳の保持・回復においては欠かすことができません。

もちろん、「家族に料理を作る」「仲間と趣味に興じる」ということも、コミュニティの中での役割という意味では、社会参加の一つであることは間違いないでしょう。

しかし、「それまで会ったことも、見たこともない人」との関係性を築くという意味での社会参加もあります。それは、人にとってハードルが高いものであるとともに、うまく関係性が築ければ、経験したことのない達成感や自分の中の新たな可能性の実感につながります。

認知症の人にとっても、「過去の生活習慣等」の延長に新たな関係性が広がれば、その達成感や可能性の実感は、強い尊厳の保持につながります。

たとえば、家庭で子どもの世話をしていた人が、地域に出て他の子どもの世話をする。昔商売をしていた経験を活かして、店舗で顧客の相手をする――いずれも本人の可能性を広げます。認知症であっても「人間として成長できる」ことは、社会全体の希望にもなるでしょう。

具体的に、どのような取組みが行われているかについては次ページを参照してください。

認知症の人の「社会参加」に向けた取組みの広がり

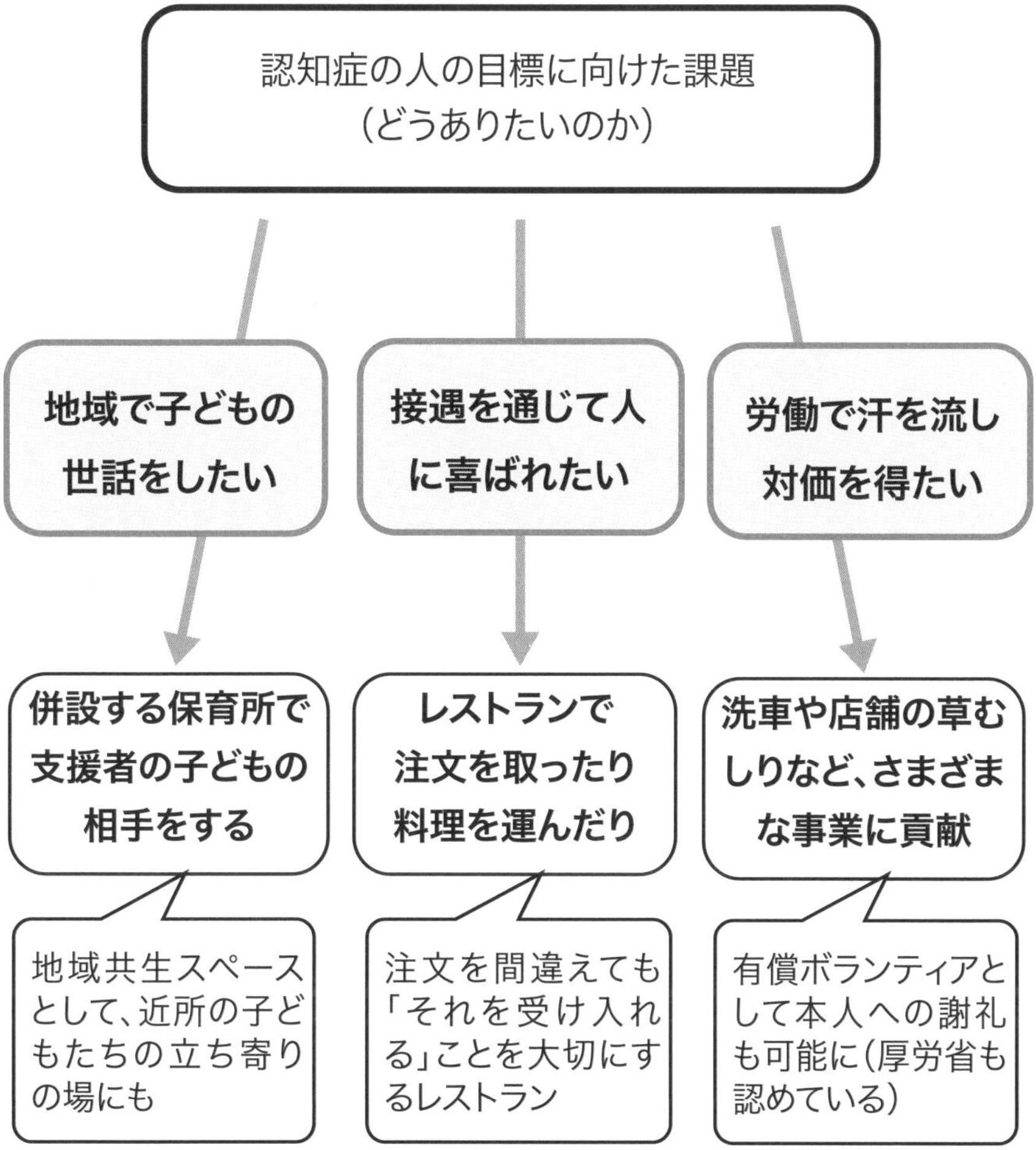
認知症の人の目標に向けた課題
（どうありたいのか）
地域で子どもの世話をしたい
接遇を通じて人に喜ばれたい
労働で汗を流し対価を得たい
併設する保育所で支援者の子どもの相手をする
レストランで注文を取ったり料理を運んだり
洗車や店舗の草むしりなど、さまざまな事業に貢献
地域共生スペースとして、近所の子どもたちの立ち寄りの場にも
注文を間違えても「それを受け入れる」ことを大切にするレストラン
有償ボランティアとして本人への謝礼も可能に（厚労省も認めている）

3 認知症の人の「本人発信」に向けた取組み

◎認知症の人が過ごしやすい社会のあり方は、本人が決めるという考え方

２０１９年に政府が定めた「認知症施策推進大綱」には、認知症の本人からの発信を支援するための方策が盛り込まれています。

たとえば、認知症サポーター養成講座の講師を務めるキャラバン・メイトに対して、その応援者を認知症の本人が務める（キャラバン・メイト大使〈仮称〉）という取組みを全都道府県に広げることなどが示されています。また、診断直後の本人不安に対してピアサポーターによる支援を行なうなど、認知症の人による相談支援活動の普及も目指されています。

すでに一部の自治体では、認知症の人の希望や必要としていることなどを本人同士で語り合う「本人ミーティング」が開催され、地域の認知症施策への反映が進んでいます。こうした「自分たちのことは自分たちで決める」という流れは、ますます強まることになるでしょう。

この点を頭に入れたとき、さまざまな支援の現場でも、「課題解決のためのルートマップ作成」などに、本人がどのように参加できるかが模索されるべき時代と言えます。

「自分のことは自分で決める」というのは、社会生活を営む人としては当然の権利です。それを叶えることは、人としての尊厳を保持するうえで欠かせない過程でもあります。

こうした認知症ケアの「新たな地平」が見定められるかどうかが問われています。

認知症の人自身が「情報」や「価値」を発信する

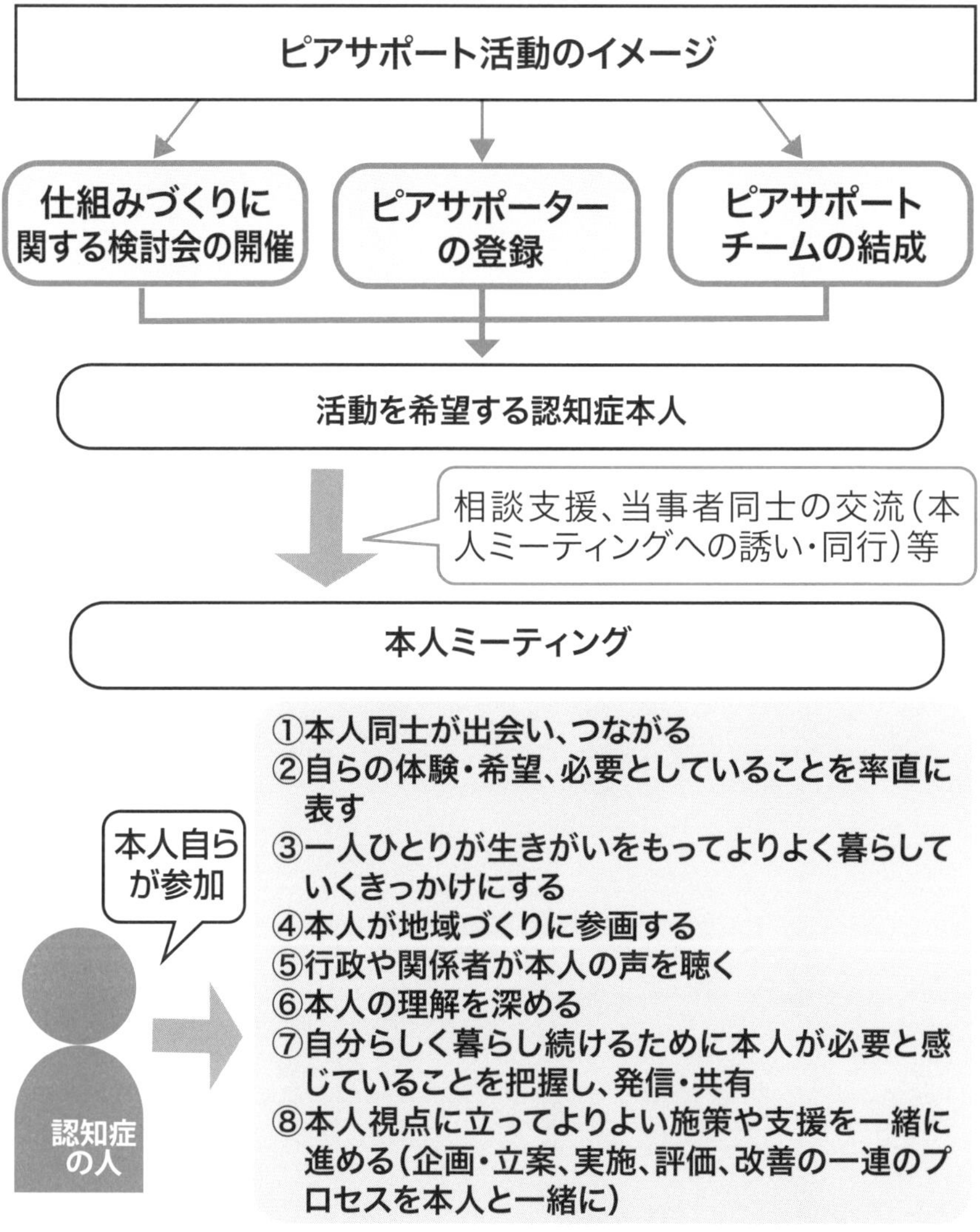

出典:「本人ミーティング開催ガイドブック」(厚生労働省)より

4 地域の多様な人々が加わる支援の姿

◎地域住民が自発的に資源を創り、コーディネートしていくという流れ

認知症の人を身近で支援する「認知症サポーター」は、その養成講座の受講者が2020年時点で1200万人を超えています。また、認知症の本人やその家族が集って情報交換などを行なう「認知症カフェ」は、全国で約6000か所開設されています。

認知症の人を支援する専門職としても、こうした草の根の資源を「本人の課題解決のための支え」として位置づけていくケースは、ますます増えていくでしょう。

こうした草の根の資源は、今、新たな展開を見せつつあります。たとえば、市町村がこうした資源を取りまとめていくコーディネーターを配置し、認知症の人のニーズと資源（身近な認知症サポーターや認知症カフェなど）をマッチングさせていくという取組みがあります。このコーディネートによって、地域の多様な資源を「チーム」として機能させたものを「チーム・オレンジ」と言います。

政府の認知症施策推進大綱では、このチーム・オレンジを全市町村で整備することが目標としてかかげられています。当然ながら、専門職としても「課題解決のルートマップ」に応じて、チーム・オレンジの参画を求めていくケースは増えていくでしょう。

プロも一般住民も、総がかりで支援体制を作っていく流れが当たり前となりつつあります。

「チーム・オレンジ」とはどのようなしくみか？

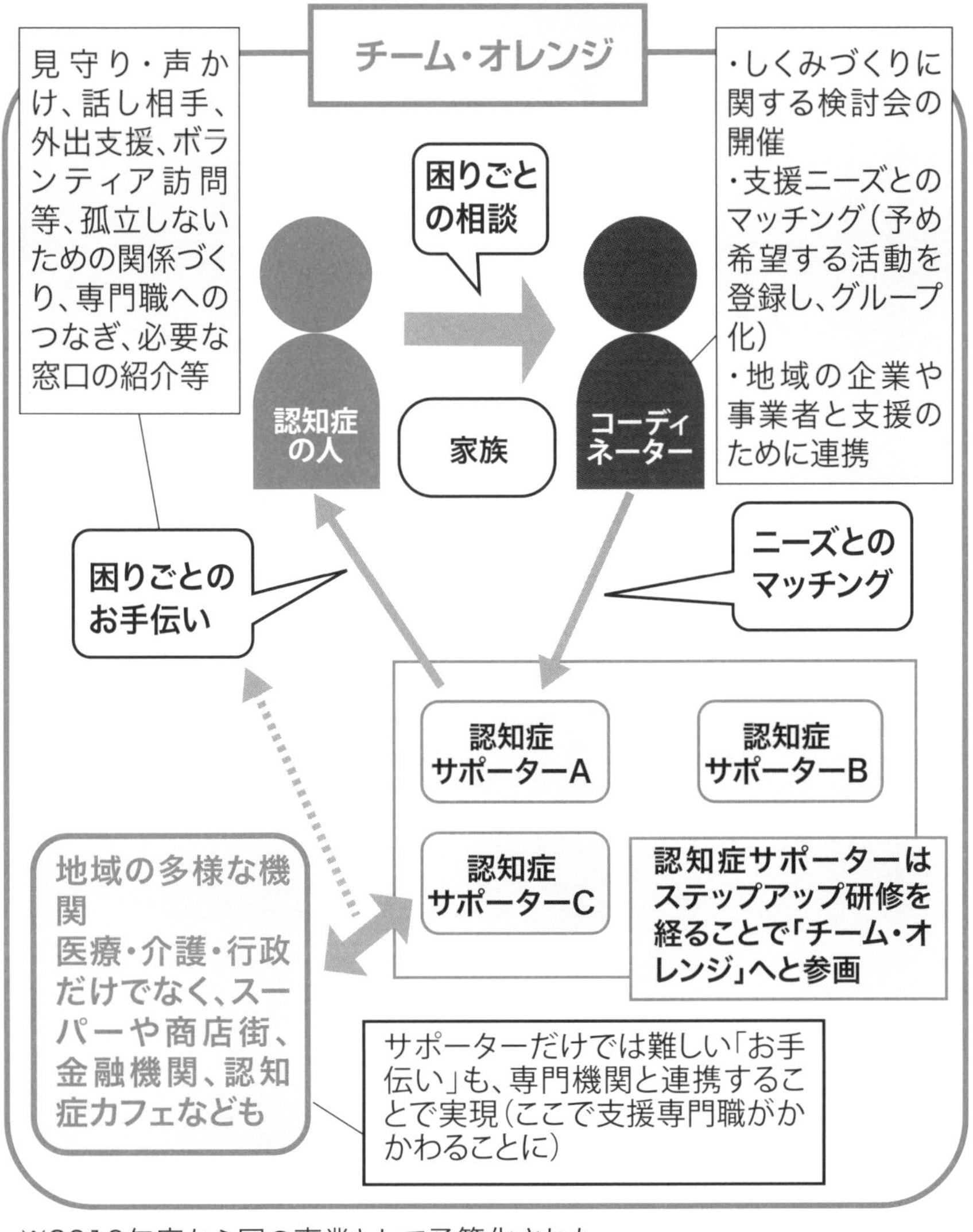

※2019年度から国の事業として予算化された

5 本人が「行方不明」になったときの地域の対処

◎多様な機関や一般住民も参加する「SOSネットワーク」の今

認知症の人が1人で出かけたまま、(行き先や帰る先の場所がわからず) 行方不明になるというケースが年々増えています。警察庁の発表では、2019年には1万7000人を超え、行方不明者全体の2割に達しました。7年前の2倍近くにのぼる数字です。

なお、9割以上は発見に至っていますが、不幸にして「死亡」に至ったケースも460件認められています。見当識の衰えから、線路上などを歩いて事故に遭うケースも見られます。

本人の安全を確保するためには、行方不明となってから、いかに短時間で発見できるかにかかっていると言えます。その点では、家族などから捜索願いが出された後、警察のみならず行政や公共交通などの多機関が連携しての取組みが重要です。

ここに認知症サポーターやキャラバンメイトなど、一般のボランティアなども参加した取組みがあります。いわゆる「SOSネットワーク」です。

自治体によってしくみは多様ですが、おおむね次ページのような流れとなります。

自治体によっては、あらかじめ登録している認知症の人を対象として、その人が行方不明になった場合にLINEでネットワーク内の情報共有を図るしくみもあります。

専門職としても、お膝元のネットワークのしくみを日頃からチェックしておきたいものです。

認知症高齢者などを対象とした「ＳＯＳネットワーク」のしくみ

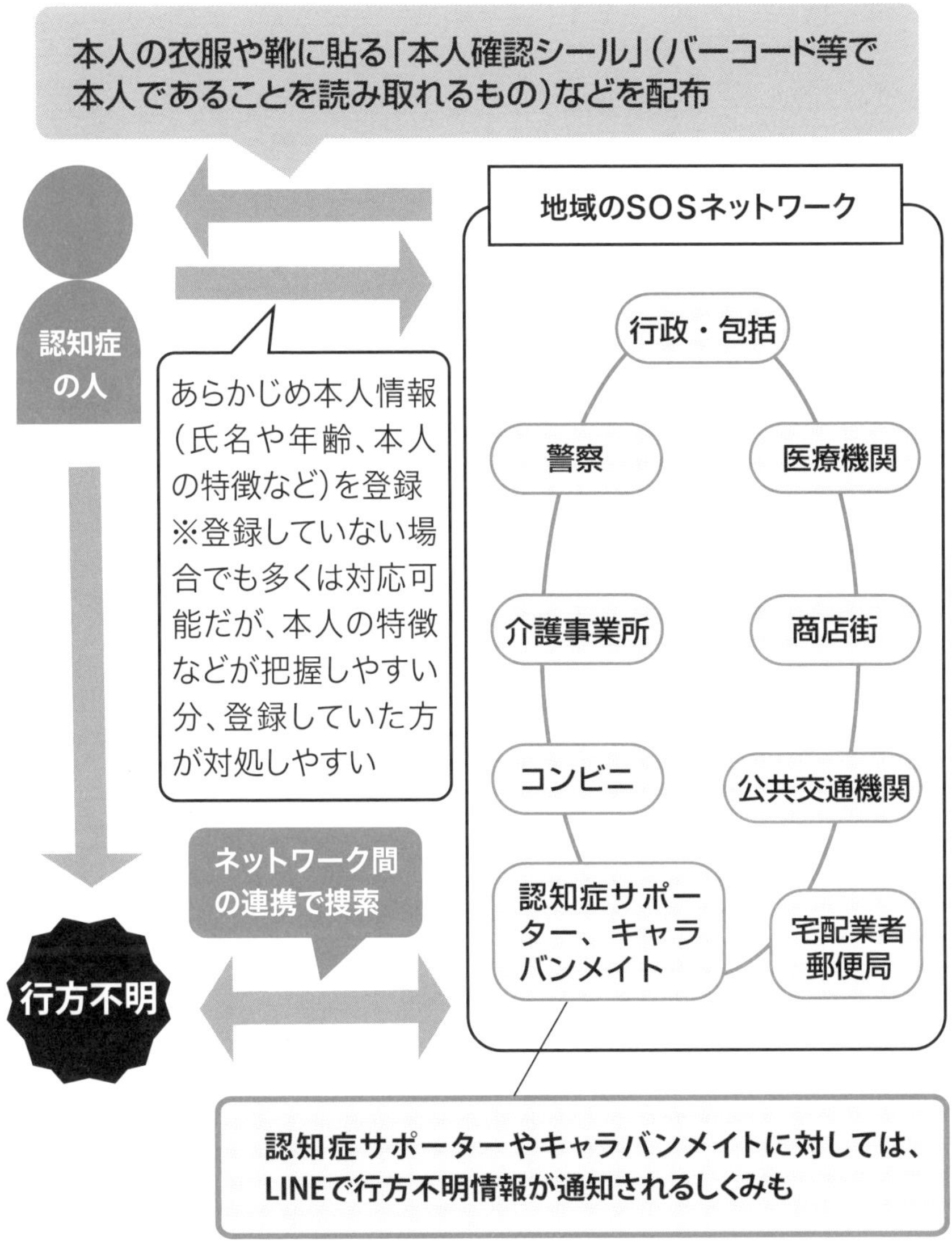
本人の衣服や靴に貼る「本人確認シール」（バーコード等で本人であることを読み取れるもの）などを配布
認知症の人
あらかじめ本人情報（氏名や年齢、本人の特徴など）を登録
※登録していない場合でも多くは対応可能だが、本人の特徴などが把握しやすい分、登録していた方が対処しやすい
地域のSOSネットワーク
行政・包括
警察
医療機関
介護事業所
商店街
コンビニ
公共交通機関
認知症サポーター、キャラバンメイト
宅配業者
郵便局
行方不明
ネットワーク間の連携で捜索
認知症サポーターやキャラバンメイトに対しては、LINEで行方不明情報が通知されるしくみも

6 認知症の人をめぐる「お金」問題のサポート

◎成年後見等に加え、金融機関も多様な商品を開発。支援者も知っておきたい

認知症の人の「お金」をめぐる支援策と言えば、成年後見制度が思い浮かびます。

本人が認知症になる前から、本人の意思で（財産管理や身上監護の）代理人を定めておくとすれば、公正証書による任意後見を活用するという選択肢もあるでしょう。

ちなみに、管理すべき資産が大きい場合には、小口資金のみを後見人等が管理し、大口資金については信託銀行で管理する「後見制度支援信託」などの活用も考えられます。

いずれも国の定める成年後見制度がベースとなるしくみです。後見制度支援信託にしても、信託財産の解約・払い戻しには家庭裁判所の指示書が必要となります。

こうしたしくみ以外で、本人の意思をもう少し柔軟に尊重できるようにしたいという場合には、家族等との契約にもとづいた民事信託（家族信託）という手段があります。

これはあくまで民事契約となりますが、個人が対応するには資産規模が大きいといった場合は、金融機関などがサポートに入る場合もあります。そうしたサポートを新たな金融サービスのメニューとして定めているケースもあります。

認知症の人の支援を行なう立場としても、「資産管理などをどうすればいいか」といった相談を受けるケースを想定して、アドバイスできる知識を備えておきたいものです。

認知症の人の「財産管理」などのしくみを整理すると…

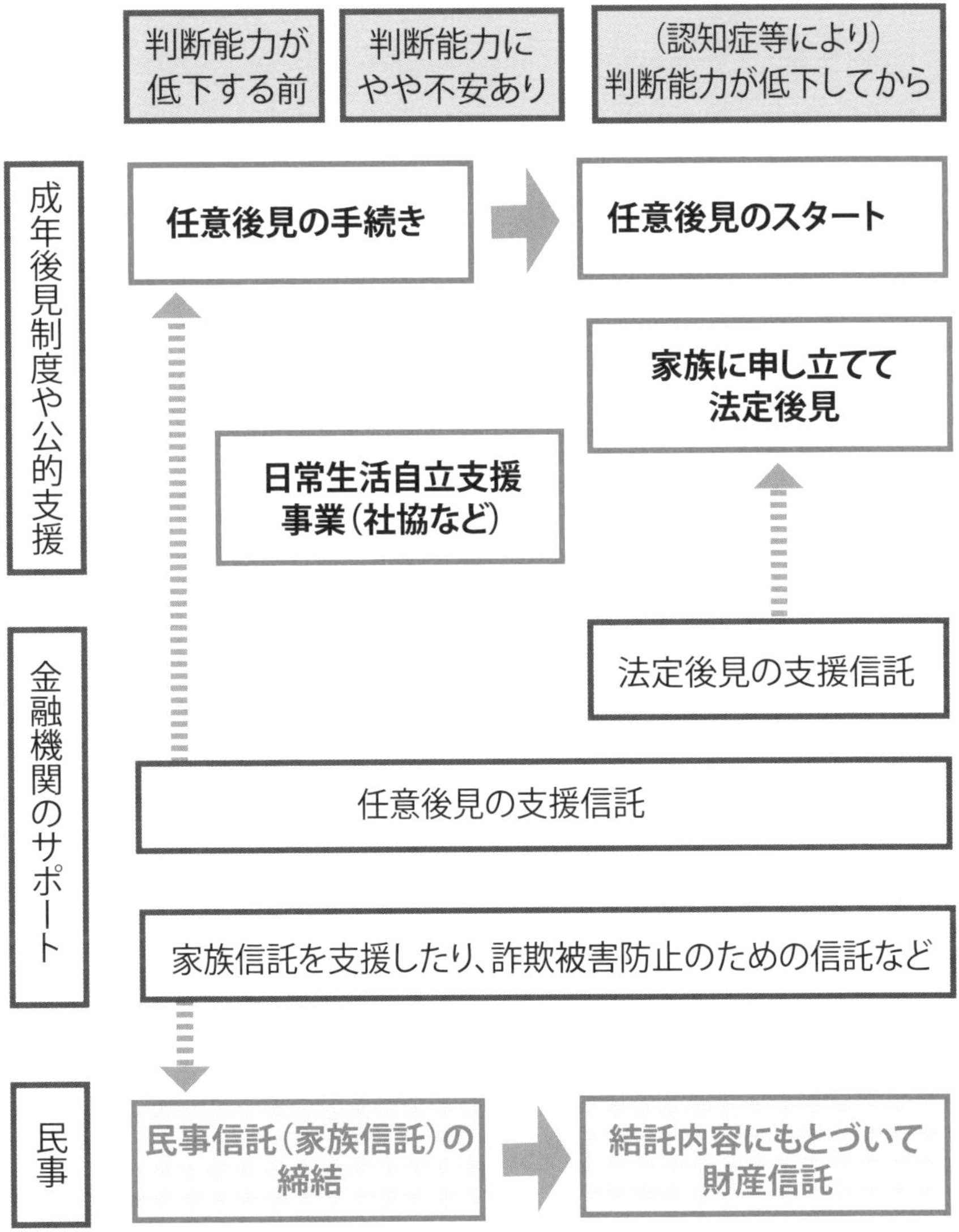
判断能力が
低下する前
判断能力に
やや不安あり
（認知症等により）
判断能力が低下してから
成年後見制度や公的支援
任意後見の手続き
任意後見のスタート
家族に申し立てて
法定後見
日常生活自立支援
事業（社協など）
金融機関のサポート
法定後見の支援信託
任意後見の支援信託
家族信託を支援したり、詐欺被害防止のための信託など
民事
民事信託（家族信託）の
締結
結託内容にもとづいて
財産信託

7 認知症の人が暮らしやすくなる社会のしくみ

◎日常生活での「声かけ機器」、公共交通機関での「接遇マニュアル」など

認知症の人は、その人なりの時間と空間の認識を持ちながら生活をしています。その点では、認知症がある人とそうでない人の違いはありません。

ただ、認知症の人の場合は、自身の認知状況と実際の周囲の環境の間に「ズレ」があるために「生活のしづらさ」が生じています。その「ズレ」の部分で、随時のサポートが行われれば、十分に社会との折り合いをつけた生活も可能となるわけです。

問題は、人の生活の範囲は広く、常に専門職が寄り添っているわけではないという点です。その「すき間」の部分をどう埋めていくか――これが社会全体のあり方といえます。

たとえば、人の社会参加において「移動」は不可欠です。そこで、公共交通機関を利用するとして、その従事者のすべてが認知症サポーター養成を受けているわけはありません。

そこで、国土交通省では、公共交通機関を利用する人への「接遇マニュアル」の一部に、「認知症の人」を対象としたものを作成する取組みを進めています。

また、一人で家にいたり、街中にいる中で「困った」ケースがあるとします。その「困った状況」を的確に把握して、声をかけてくれる機器（ロボットなど）がいれば、本人の主体的な生活を続ける手助けとなるでしょう。こうした機器類の開発も急速に進んでいます。

認知症の人の生活を「線」で支えるために

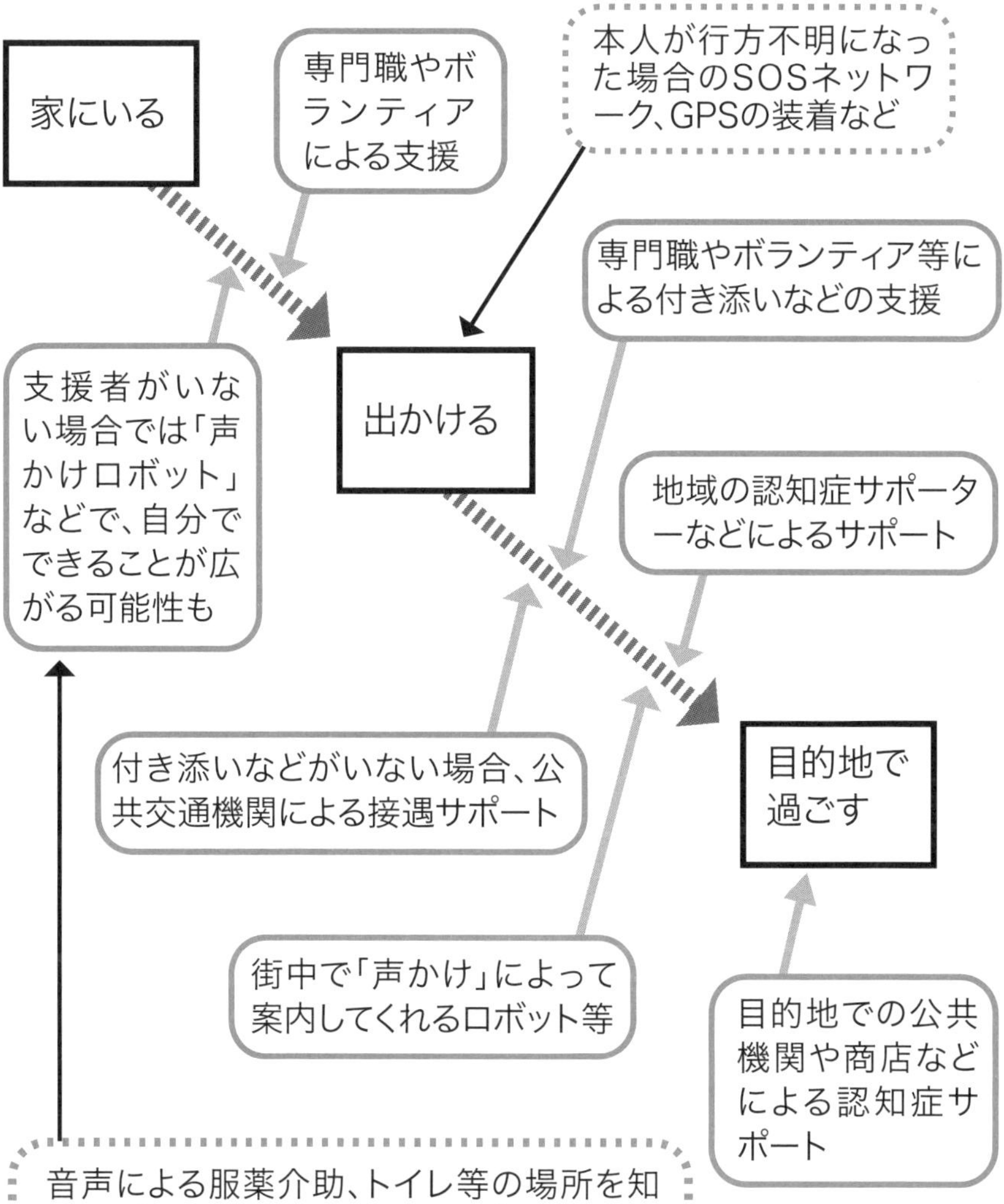
家にいる
専門職やボランティアによる支援
本人が行方不明になった場合のSOSネットワーク、GPSの装着など
支援者がいない場合では「声かけロボット」などで、自分でできることが広がる可能性も
出かける
専門職やボランティア等による付き添いなどの支援
地域の認知症サポーターなどによるサポート
付き添いなどがいない場合、公共交通機関による接遇サポート
目的地で過ごす
街中で「声かけ」によって案内してくれるロボット等
目的地での公共機関や商店などによる認知症サポート
音声による服薬介助、トイレ等の場所を知らせる機器、話し相手となるロボットなど

BPSD対応の向上に向けた取組み③【評価を国のデータベースでやり取り】

国が運用するデータベース「CHASE」とは？

介護保険の分野では、高齢者の状態とケアの内容を関連づけるためのデータベースが運用されています。これをCHASEと言います。

このCHASEでは、認知症ケアのデータも反映することになっていて、そのための現場からのデータ入力が進められようとしています。

国の審議会では、142ページで示した指標のうち「DBD-13」および「Vitality Index」について、施設やグループホーム、小規模多機能型などにデータ入力をうながすしくみを定めることとしました（NPI評価尺度についても、任意での活用を求めています）。

たとえば、126ページで示した「認知症BPSDケアプログラム」を実践した施設等では、「NPI評価尺度」による評価の改善が認められています。ケアと指標の関連が明確になれば、プログラムによる認知症ケアの実践と、BPSDの改善の関連をデータ化できるわけです。

CHASEからのフィードバックを受けることも

このCHASEについては、データ入力だけでなく、データベースから「どんなケアが有効か」というフィードバックを受けられることにもなっています。つまり、将来的には、評価指標を入力すればデータベースから「ケアの提案」を受けられるメリットもあるわけです。

なお、事業所ごとのBPSD改善にかかる取組み状況については、厚労省の介護保険サービス情報公表システムによって、一般の人にも情報を公開できるようなしくみづくりも進んでいます。

一連のしくみの本格的な稼働は、2021年4月からの予定です。

【参考資料】

● 『認知症施策推進大綱』
（2019年６月18日　認知症施策推進関係閣僚会議）
https://www.mhlw.go.jp/content/000522832.pdf

● 『本人にとってのよりよい暮らしガイド
　～一足先に認知症になった私たちからあなたへ～』
（発行：地方独立行政法人・東京都健康長寿医療センター）
https://www.mhlw.go.jp/file/06-Seisakujouhou-12300000-Roukenkyoku/honningaide.pdf

● 『若年性認知症ハンドブック（改訂版）』
　～若年性認知症と診断された本人と家族が知っておきたいこと～
（編集：社会福祉法人・仁至会、認知症介護研究・研修大府センター）
https://www.mhlw.go.jp/file/06-Seisakujouhou-12300000-Roukenkyoku/handbook.pdf

● 『認知症施策の総合的な推進について（参考資料）』
（2019年６月20日　厚生労働省・介護保険部会資料より）
https://www.mhlw.go.jp/content/12300000/000519620.pdf

● 『認知症施策関連ガイドライン（手引き等）、取組事例一覧』
https://www.mhlw.go.jp/stf/seisakunitsuite/bunya/0000167902.html

田中　元（たなか・はじめ）

昭和37年群馬県出身。介護福祉ジャーナリスト。

立教大学法学部卒業。出版社勤務後、雑誌・書籍の編集業務を経てフリーに。

主に高齢者の自立・介護等をテーマとした取材・執筆、ラジオ・テレビの解説、講演等を精力的に行なっている。

著書には、『ケアマネ＆介護リーダーのための「多職種連携」がうまくいくルールとマナー』『〈イラスト図解〉後悔しない介護サービスの選び方【10のポイント】』(以上、共にぱる出版刊) など多数ある。

【最新版《さいしんばん》】
「相手《あいて》の気持《きも》ちが読《よ》み取《と》れる」
認知症《にんちしょう》ケアが実践《じっせん》できる人材《じんざい》の育《そだ》て方《かた》
介護現場《かいごげんば》の育成《いくせい》ポイントがズバリわかる本《ほん》

2021年1月21日　初版発行

著　者　　田　中　　元
発行者　　和　田　智　明
発行所　　株式会社　ぱ る 出 版

〒160-0011　東京都新宿区若葉 1-9-16
03(3353)2835 — 代表　03(3353)2826 — FAX
03(3353)3679 — 編 集
振替　東京 00100-3-131586
印刷・製本　中央精版印刷(株)

ISBN978-4-8272-1266-2　C0034